edition suhrkamp

Redaktion: Günther Busch

Hans-Ulrich Wehler, geboren am 11. 9. 1931 in Freudenberg/Sie-
gerland, studierte Geschichte und Soziologie in Köln, Bonn und
Athens/Ohio. 1960 Promotion; 1962/63 Forschungsstipendiat des
›American Council of Learned Societies‹ in den USA; 1968-70 Pri-
vatdozent in Köln. 1971/72 Professor am Kennedy-Institut der FU
Berlin, seit 1971 Professor für Allgemeine Geschichte des 19. und
20. Jahrhunderts an der Universität Bielefeld. 1972 Gastprofessor
an der Harvard University, Cambridge/Mass. Veröffentlichungen:
Bismarck und der Imperialismus (1969, 1972³); *Das Deutsche
Kaiserreich 1871-1918* (1973); *Krisenherde des Kaiserreichs
1871-1918* (1970); *Sozialdemokratie und Nationalstaat 1840-1914*
(1962, 1971²); *Der Aufstieg des amerikanischen Imperialismus
1865-1900* (1973). Herausgeber von Sammelwerken, u. a. der Historischen Reihe der *Neuen Wissenschaftlichen Bibliothek*; Mitheraus-
geber der *Kritischen Studien zur Geschichtswissenschaft*.
Der deutsche Historikertag 1972 hat die Meinungsverschiedenheiten
innerhalb der deutschen Historiker über die Rolle und Aufgabe von
Geschichtsschreibung und Geschichtsinterpretation, die differen-
ten Grundauffassungen ihres Gegenstandes und ihrer wissenschaftlichen Methode ins Licht gerückt. Auf der einen Seite stehen die
Vertreter einer Historiographie, die Geschichte als das Produkt der
»großen Einzelnen« bestimmen möchte; ihnen widerspricht mehr
und mehr eine Gruppe vor allem jüngerer Historiker, die Ge-
schichtsprozesse und geschichtliche Zusammenhänge nachdrücklich
aus den sozialen, politischen und ökonomischen Bedingungen einer
Epoche zu erklären versuchen. Die zweite Position artikuliert sich
in den drei Teilen dieses Buchs: Hans-Ulrich Wehler definiert Geschichtswissenschaft als Historische Sozialwissenschaft.

Hans-Ulrich Wehler
Geschichte als Historische
Sozialwissenschaft

Suhrkamp Verlag

edition suhrkamp 650
Erste Auflage 1973
© Suhrkamp Verlag, Frankfurt am Main 1973.
Erstausgabe. Printed in Germany. Alle Rechte vorbehalten, insbesondere
das der Übersetzung, des öffentlichen Vortrags und der Übertragung
durch Rundfunk und Fernsehen, auch einzelner Teile. Satz, in Linotype
Garamond, Druck und Bindung bei Georg Wagner, Nördlingen. Gesamt-
ausstattung Willy Fleckhaus.

Inhalt

Vorbemerkung

Die drei hier zusammengefaßten Studien gehen davon aus, daß die herkömmliche Bestimmung der Geschichte als Geisteswissenschaft in engster Anlehnung an die Philologie nicht mehr genügt. Sie versuchen, Probleme einer Geschichtswissenschaft, die sich als historisch-kritische Sozialwissenschaft neu bestimmt und begreift, zu erörtern. Dazu ist die Diskussion mit Nachbardisziplinen unerläßlich. Diese Diskussion soll hier im Hinblick auf das Verhältnis der Geschichte zur Soziologie, Ökonomie und Psychoanalyse in einem neuen Anlauf vorangebracht werden. Um die Fortsetzung, vor allem die kritische Ergänzung oder Gegenargumentation, zu erleichtern, ist die relevante Literatur ausführlich nachgewiesen worden.

H.-U. W.

Geschichte und Soziologie

Der Ruf nach der interdisziplinären Kooperation von Soziologen und Historikern hat seit geraumer Zeit geradezu modischen Charakter gewonnen. Das trifft namentlich auf die Vereinigten Staaten zu, aber auch hierzulande herrscht kein Mangel an derartigen Appellen.[1] Nun ist es unbestreitbar richtig, daß sich mit solchen programmatischen Forderungen zwar vortrefflich streiten läßt, aber die entscheidende Probe bleibt doch die wissenschaftliche Problemanalyse, die berechtigten Ansprüchen beider Disziplinen in größerem Umfang als bisher gerecht wird. Die dazu notwendige Verknüpfung von theoretischen Ansätzen und methodischen Verfahren, von Denkweisen und Zielsetzungen aus beiden Wissenschaften – eine Verknüpfung, die bereits Umrisse einer historisch-kritischen Sozialwissenschaft deutlich erkennen läßt –, ist inzwischen im Gange, ja, es gibt einige vorzügliche Studien, die hier als Orientierungspunkte dienen können.[2] Ungeachtet der Tatsache, daß die Bewährung im Forschungsprozeß und in der Darstellung ein entscheidendes Kriterium darstellt, dürfte es sich dennoch lohnen, einige seit langem strittige Punkte im Verhältnis der beiden Wissenschaften zueinander noch einmal zu erörtern, um, wenn möglich, die Entwicklung einer historisch-kritischen Gesellschaftsanalyse zu unterstützen.

Dem kommt von seiten der Soziologie eine bestimmte Tendenz entgegen. Denn daß zu ihrem Fortschritt in den vergangenen Jahren auch »eine nicht zu übersehende Historisierung der Theorie« gehört habe, ist unlängst mehrfach festgestellt worden; ob es sich dabei um solch kompetente Beobachter wie René König in der Bundesrepublik Deutschland, Charles Tilly in den Vereinigten Staaten und Eric Hobsbawm in Großbritannien handeln mag – sie alle stimmen in diesem Punkt überein und sehen zugleich die vermutlich wichtigste Ursache in den Bedürfnissen jener sozialwissenschaftlichen Untersuchungen, die die Probleme unentwickelter Länder verfolgen.[3] Denn ohne die historische Dimension sozialen Wandels, ohne die Berücksichtigung langfristiger sozialökonomischer, kultureller und politischer Transformationsprozesse lassen sich in diesem Bereich – das hat das zunächst oft naive Hantieren mit wenigen gegenwartsbezogenen Variablen ergeben – die entscheidenden Fragen gar nicht beantworten, ja vielleicht nicht einmal stellen. Von dieser Erfahrung sind seit 1950 unleugbare Rückwirkungen auf die Theoriediskussion der Soziologen ausgegangen, so sehr auch in ihrer Praxis der geschichtsfeindliche positivistische Betrieb mancherorts noch vorherrschen mag. Zu Recht wird aber dieser empirischen Praxis, die nicht nur im Hinblick auf die Entwicklungsländer, sondern auch auf zentrale gesellschaftliche Probleme der entwickelten Industrieländer in eine Sackgasse führt, die Forderung entgegengestellt, durch eine »Rehistorisierung der Gesellschaftsanalyse« die hemmenden Schranken zu durchbrechen.[4] Auch und gerade dort, wo die Auffassung, daß die Historisierung bereits in vollem Gange sei, nicht geteilt wird, also bei den Vertretern einer »dialektischen« Soziologie, wird die Öffnung zur Geschichte hin entschieden verlangt. Das folgt aus der konsequenten Anknüpfung an Marx' These, es gebe nur »eine einzige Wissenschaft, die Wissenschaft der Geschichte«.[5]

Allgemeine Aufrufe zur Kooperationsbereitschaft von Soziologen und Historikern besitzen, wie gesagt, keinen Seltenheitswert mehr. »Soziologie ist Geschichte ohne harte Arbeit, Geschichte ist Soziologie ohne Verstand«, erklärte beispielsweise D. G. McRae den Teilnehmern des Dritten Weltkongresses für Soziologie, und Ernst Topitsch meinte wenig später, Kant paraphrasierend, daß »Geschichte ohne Soziologie [...] blind, Soziologie ohne Geschichte« dagegen »leer« bleibe.[6] Andererseits haben Historiker den Soziologen nicht nur wiederholt die historische Längsschnittanalyse empfohlen, sondern auch unmittelbar für die »Soziologisierung« der

Geschichtswissenschaft plädiert.[7] Namentlich die moderne Sozialgeschichte hat sich gegenüber der Soziologie keineswegs abgekapselt; sogar ein so dezidierter Vertreter des zeitgenössischen Neohistorismus wie Otto Brunner hat eingeräumt, daß es kaum mehr möglich sei, »einen Unterschied zwischen historischer Soziologie und Sozialgeschichte« zu machen.[8] So weit, so gut.

Offensichtlich ist es jedoch ein langer, beschwerlicher Weg vom sympathieauslösenden Appell bis zur theoretisch und empirisch besser fundierten Problemanalyse. Der Eindruck, daß die Kapazität der Soziologie zur Bewältigung wirklicher Probleme in einem entscheidenden Maß zunehmen wird, wenn sie sich auf die Geschichte einläßt, wird von Sozialhistorikern weithin geteilt. Die Soziologie muß auch wieder historisch denken und arbeiten können, wie es einige ihrer besten Vertreter geradeheraus fordern und auch früher verlangt haben; denn nur von der Geschichte kann sie Erklärungsmodelle für langfristige Trends erhalten, ohne die viele Gegenwartsstudien vordergründig, wenn nicht gar irreführend bleiben. Die Geschichtswissenschaft andererseits spürt dort, wo wirklich Leben in ihr herrscht, ihre Theoriebedürftigkeit durchaus und ist, aufs Ganze gesehen, vielleicht noch eher bereit, von der Soziologie zu lernen, als das umgekehrt zutrifft. Sie besitzt sogar dank ihrer langjährigen Beschäftigung mit sozialem Wandel in der Zeit einen schwer zu überschätzenden Vorsprung gegenüber denjenigen Soziologen, die auf historische Fragen zu antworten verlernt haben. Eine Konvergenz von Geschichtswissenschaft und Soziologie scheint daher nur im Bereich einer historisch-kritischen Sozialwissenschaft möglich zu sein, die ein geschärftes Theoriebewußtsein mit geschultem Verständnis von Entwicklungsprozessen, die in Zeitabläufe von unterschiedlicher Dauer eingebettet sind, zu verbinden weiß.

Die Trennung der beiden Wissenschaften ist nur historisch zu verstehen, denn praktisch hat es Geschichte unablässig mit

Gesellschaft, hat es Soziologie mit Geschichte zu tun. In der Krisenzeit nach dem Ende des 18. Jahrhunderts, als sich die »doppelte Revolution« (Hobsbawm): die politische Frankreichs und die industrielle Großbritanniens, auf das Ordnungsgefüge Alteuropas auswirkte, entstand die Soziologie vorwiegend als kritische Oppositionswissenschaft, die durch Analysen des gesellschaftlichen Lebens, durch das Aufdecken seiner verborgenen Mechanismen zur Lenkung sozialer Prozesse beitragen und zu einer von aufklärerischer Rationalität entworfenen Zukunft hinüberleiten wollte. Neben dieser Hauptrichtung trat die konservative Nebenrichtung (sei es in Frankreich im Anschluß an de Bonald, de Maistre u. a. oder später in Deutschland an Riehl) wirkungsgeschichtlich weit zurück.[9] Die Geschichtswissenschaft jedoch, in den deutschen Staaten theoretisch völlig auf dem antirevolutionären, aufklärungsfeindlichen Historismus beruhend, gewann in einer Gesellschaft, die wegen der andauernden Erschütterung ihrer überkommenen institutionellen Grundlagen unsicher die Suche nach ihrer Identität angetreten hatte, vorzugsweise affirmative Funktionen. Sie legitimierte die historisch »gewachsenen« Ordnungen; dem Bündnis von Thron und Altar schloß sich oft auch das Katheder an, dem die wenigen Außenseiter (z. B. Gervinus) ferngehalten wurden. Nur kurze Zeit stand das liberale Nationalstaatsideal im Gegensatz zur autoritären sozialkonservativen Tradition, nur wenige hielten länger als einige Jahre an ihm fest.[10] Frühzeitig bildete sich hier auch jeweils ein bestimmter Grundzug heraus: die Geschichtsschreibung wurde weithin auf Nationalstaat und Nationalismus fixiert, während die Soziologie von vornherein an Gesellschaft als internationalem Phänomen interessiert war.

Dieser prinzipielle Gegensatz ihrer Entstehungszeit haftet bei uns bis heute dem Verhältnis beider Wissenschaften an. Auch im 20. Jahrhundert blieb der Unterschied lange noch scharf markiert – ja er wurde durch den Methodenstreit der

Neokantianer, die ihren Späthistorismus gegen die Naturwissenschaften und den westeuropäischen Positivismus verteidigten, noch zugespitzt. In Deutschland bildet später die Machtübernahme der Nationalsozialisten einen Prüfstein, der besser als viele wissenschaftsgeschichtlichen Studien zeigt, wie sich die Geister schieden: Nahezu alle Soziologen von Rang und Namen emigrierten, nahezu alle Historiker von Rang und Namen paßten sich bereitwillig an, da sie mit einem Großteil der NS-Ideologie ohnehin keine Differenzen hatten, auf weiten Strecken herrschte vielmehr Kongruenz.[11] Diese historische Herkunft der Fächertrennung zu skizzieren, bedeutet jedoch keineswegs, eine Unterscheidung nach wissenschaftlichen Kriterien allgemein anzuerkennen. Der Gegenstand beider Wissenschaften ist, so unterschiedlich sie auch ihre Akzente setzen mögen, derselbe: die Gesellschaft, meist die neuzeitliche, vom Nationalstaat mitgeprägte Gesellschaft mit ihren zahllosen Problemfeldern. Vom Gegenstand her ist daher eine überzeugende Abgrenzung nicht möglich. Ebensowenig gelingt das von den Methoden her, obwohl sich die gelenke Kurzformel, die Geschichte widme sich dem Individuellen, die Soziologie jedoch dem Allgemeinen, bis heute einer irritierenden Beliebtheit erfreut. Selbst ein unabhängiger Gelehrter wie Otto Hintze hat diese Auffassung noch geteilt, und wenn er auch als einer der wenigen älteren Historiker gelten darf, die Max Weber zu rezipieren versucht haben, so hatte doch Weber selber diesen Gegensatz schon frühzeitig überwunden.[12] Es dürfte in der Alltagspraxis noch immer zutreffen, daß Soziologen vorschnell an allgemeinen Ergebnissen, Historiker engherzig an detaillierter Individualisierung interessiert sind. Aber faßt man – wie es geboten ist – den Begriff des historischen Individuums nur weit genug, dann hat es die Soziologie gewöhnlich, wenn auch oft uneingestanden, ebenso mit ihm zu tun wie die Geschichte, die sich praktisch auch selten an diese polemisch stilisierte Unterscheidung gehalten hat. Sie darf diese auch sozusagen – seit ihr in

Webers »Objektivitäts«-Aufsatz die Leviten gelesen wurden, von Marx' Theoriebegriff ganz zu schweigen[13] – gar nicht mehr in Anspruch nehmen und möchte zudem heute auf diesen unrealistischen Dualismus gewiß nicht mehr festgelegt werden. Daß die Soziologie genausowenig auf die »Gegenwart« wie die Geschichte auf die »Vergangenheit« eingeschränkt werden kann, wird noch näher zu erörtern sein. Daß es aber bestimmte Methoden der Soziologie gibt, die nur bei geringem zeitlichen Abstand verwendbar sind, und andererseits bestimmte historische Techniken, die große zeitliche Distanzen zu überwinden gestatten, ist unleugbar wahr, konstituiert aber noch nicht zwei Wissenschaften – »equal but separate«.

Im Hinblick auf die Ziele ist freilich lange Zeit die Divergenz beträchtlich gewesen. Alle Soziologie, einschließlich ihrer konservativen Schulen, hat darauf beharrt, zumindest Bausteine für allgemeine Theorien des gesellschaftlichen Lebens zu liefern, vielleicht sogar bald *die* allgemeine Sozialtheorie zur Verfügung zu haben oder gar schon zu besitzen – ein Totalanspruch, den sich die modernen Systemtheorien wieder zu eigen gemacht haben. Umgekehrt hat die Geschichtsschreibung als konservativer Gegenschlag gegen das Postulat der Aufklärung, die Wirklichkeit nach Maßgabe ihrer Vernunft umzugestalten, sich auf ein geradezu dogmatisiertes Individualitätsprinzip zurückgezogen, wobei dieses zu oft auch noch auf einzelne Persönlichkeiten eingeengt wurde. Von daher hat sie gegenüber jeder expliziten historischen Theoriebildung eine überängstliche Abstinenz geübt, ja den Vorwurf des »goût de l'infiniment petit« (Marc Bloch) als Auszeichnung verstanden.[14] Dieser Vorwurf ist freilich gegenüber nicht wenigen Studien, namentlich amerikanischer Soziologen, auch angebracht, und fraglos gibt es überhaupt in der Soziologie noch soviel kurzschlüssige und realitätsferne Verallgemeinerung wie in der Geschichte unergiebige, aber »pedantische Jagd nach dem Unbedeutenden« – solange es nur als

»Individuum ineffabile« gilt.[15] Hier folgen beide dem Gesetz, unter dem sie angetreten. Aber die Notwendigkeit, ihre erkenntnisleitenden Interessen (diese eigentümliche Mischung aus Theorieverständnis und Praxisbezug) klar zu formulieren, kann durchaus dazu führen, gemeinsame Positionen beider Wissenschaften einzugrenzen, obwohl hier die Geschichte weiter als die Soziologie über ihren historischen Schatten springen müßte. Aus einem gemeinsamen Interesse an »emanzipatorischen Entwicklungsprozessen«, an der Durchleuchtung der Widerstände gegen sie und an der Vermehrung ihrer Durchsetzungschancen lassen sich identische Ziele von Soziologie und Geschichte bestimmen, zumal da es hier unabweisbar empirisch erhärteter historischer Theorien bedarf.[16] Auch von den Zielen her läßt sich mithin schwerlich die Eigenständigkeit beider Disziplinen überzeugend ableiten; jedenfalls braucht im Hinblick auf die Ziele keine gravierende Divergenz mehr zu bestehen, wenn – um es noch einmal zu betonen – die Geschichte hierzulande endlich den Bannkreis der politischen Implikationen des Historismus verläßt und aussichtsreiche andere Elemente aus der Wissenschaftsgeschichte, auch aus ihrer eigenen, aufnimmt.[17]

Von der muffigen politischen Abneigung mancher Historiker gegen die Soziologie als Oppositionswissenschaft kann hier abgesehen werden. Diesem Einwand hat schon die Bereitschaft vieler Soziologen, Herrschaftswissen zur Verfügung zu stellen und Herrschaftstechniken zu verfeinern, den Boden entzogen, wie sich überhaupt, global gesprochen, ein Gutteil der westlichen Soziologie ganz so in den Dienst der herrschenden Gewalten im Industriekapitalismus hat stellen lassen wie die Geschichtsschreibung in den Dienst von Nationalismus und Nationalstaat. Abgesehen davon aber gibt es noch immer einen prinzipiellen Unterschied.

Trotz aller ermutigenden Ansätze zur Rehistorisierung der Soziologie fehlt es ihr insgesamt noch häufig an einem reflektierten Verhältnis zur historischen Zeit. Die Anerkennung der historischen Zeiten aber, ihrer Unwiderruflichkeit, ihrer verschiedenen Tempi und Strukturen, sowie ihre Entschlüsselung bilden einen Kernbereich jeder ernsthaften Geschichtswissenschaft. Über diese fundamentale Differenz hinwegzusehen, wäre ein ganz und gar unergiebiges und unredliches Harmonisierungsmanöver. Gerade diejenigen Soziologen, die historisch interessiert sind – einige Vertreter der »dialektischen« Soziologie sind hier die Ausnahme –, übersehen manchmal die Schärfe dieses Gegensatzes, der die Decke wohlmeinender Konfliktminderung immer wieder durchstößt.[18] Die Soziologie ist überwiegend auf Gegenwartsanalyse konzentriert gewesen, wie ausgiebig auch einige ihrer Gründungsväter (Marx und Weber, Durkheim und Pareto u. a.) auf die Geschichte eingegangen sind. Es gilt unter Soziologen meist noch als ausgemacht, daß es so etwas wie »Gegenwart« gibt. Aber wo beginnt sie? 1789, 1917, 1945, 1969, gestern? Und wo endet sie? Für den Historiker gibt es in gewisser Hinsicht nur Vergangenheit und Zukunft; die »Gegenwart« hat für ihn allenfalls die Breite eines Rasiermessers, dessen Klinge unaufhörlich Teilstücke der Zukunft abschneidet und der Vergangenheit zuweist. Anstelle einer undefinierten »Gegenwart« erkennt die Geschichtswissenschaft, streng genommen, nur Vergangenheiten an, die unterschiedlich weit von ihr entfernt sind[19], daher unterschiedlicher Methoden zu ihrer Erschließung bedürfen und unterschiedlich stark ihre Leitperspektiven bestimmen. Daneben kennt sie nur »Zukunften«, an denen sie sich mindestens ebensosehr wie an den Erfahrungen einer Vergangenheit orientiert. Wer nach der Mitte des 19. Jahrhunderts das allgemeine Wahlrecht für Männer und Frauen für wünschenswert hielt, schrieb über britische Innenpolitik anders als der gewöhnliche Konservative; wer heute Herrschaft im Betrieb auflösen will, schreibt Industriegeschichte anders als der treue Hagiograph von Unternehmern. Auch die erkenntnisleitenden Interessen des Historikers implizieren immer Vorstellungen von einer wünschbaren, anderen, besseren Zukunft. Schon der oft mißverstandene Dilthey hielt daran fest: »Was wir unserer Zukunft als Zweck setzen, bedingt die Bestimmung der Bedeutung der Vergangenheit.«[20] Gegenüber einem inflationären, verschwommenen Begriff von »Gegenwart« werden Historiker immer skeptisch bleiben. Wenn es also in der erkenntnistheoretisch-methodologischen Diskussion als selbstverständlich gelten darf, daß auch der Historiker den Ideen und Impulsen, den Maßstäben und Mächten seiner »Gegenwart« verpflichtet und endlich seine bewußte Rechenschaftslegung über diese Verpflichtung zu erwarten ist, so bedeutet hier »Gegenwart« im Grunde eine eigenartige Mischung von Kräften und Erfahrungen der Vergangenheit einerseits und Erwartungen andererseits, die auf der Verlängerung bestimmter historischer Trends in die Zukunft beruhen. Ohne diesen Januskopf ist Geschichtswissenschaft nicht denkbar. Selbstredend kann man trotzdem bestimmte Zeitphasen als Gegenwart definieren, und für das praktische Handeln ist diese Bestimmung auch unerläßlich. Meist agiert der Einzelne dabei innerhalb mehrerer »Gegenwarten«, gleiches gilt für Gruppen. Beim Kauf von Teakmöbeln orientiert sich ein Ehepaar an Geschmacksprägungen in der Vergangenheit und Wohnwünschen in der Zukunft, um in einer Gegenwart die Entscheidung zu treffen. Für eine nationale Großgruppe wie die Deutschen kann die Gegenwart 1945, 1948 oder 1972 beginnen und Jahrzehnte umfassen, die bestimmend in politische Praxis hineinwirken. Immer aber überschneiden sich »Gegenwarten« mit gleichsam unterschiedlicher Bandbreite, und genau besehen lassen sie sich oft in die wechselnden Anteile von Vergangenheit und Zukunft auflösen.

Wenn man sich über die Fragwürdigkeit einer unspezifischen »Gegenwart« einigen kann, dann ergeben sich einige Konsequenzen. Es kann dann keine zeitlos gültigen Kategorien der Sozialanalyse mehr geben, obwohl eben diese Zeitlosigkeit nicht nur von verschiedenen Spielarten der Systemtheorie in

Anspruch genommen wird. Denn in die »Grundannahmen« jeder Theorie sozialer Prozesse geht »unvermeidbar ein Vorverständnis geschichtlicher Situationen« ein.[21] Was dies für die Schlüsselbegriffe der Analysen bedeutet, können Sprachphilosophie, Soziolinguistik und Wissenssoziologie deutlich machen. Jedenfalls gibt es dem zufolge nur historische Theorien mit begrenzter Reichweite und Erklärungskraft. Das aber ist alles andere als ein Nachteil. Denn genau in dem Maße, in dem sozialwissenschaftliche Theorien ihre meist platte »Allgemeingültigkeit« verlieren, gewinnen sie an Trennschärfe und Aussagegehalt.

Nicht zu umgehen ist es dann, mit einem groben Raster von Zeitabläufen unterschiedlicher Dauer zu arbeiten. Hier[22] wird man zunächst und beispielsweise an vier historische Zeiten, an ihren Sinn von Worten und Zahlen, ihre Erfahrungshorizonte, ihre Entscheidungszwänge usw. denken: (a) an die kurze Zeit (»temps court«) der Ereignisgeschichte, den manchmal hektischen Wirbel schnell aufeinander folgender Aktionen und Gegenzüge, innerhalb von Minuten, Stunden, Tagen, Wochen; (b) an die naturale Zeit einer Generation von ca. 25 bis 30 Jahren, die in der gespeicherten Lebenserfahrung des Einzelnen und seiner Altersgruppe verfügbar und dem Gedächtnis mehr oder minder präsent bleibt; (c) an die Zeit, die etwa die langen Wellen der Konjunktur oder die langen Schwingungen des Bevölkerungswachstums umfassen können, bis hin zum Säkulartrend wirtschaftlicher und sozialer Entwicklungsprozesse: stumme Zeiten mithin, die über die Köpfe der Einzelnen hinwegreichen, sich schon im Übergang zur »longue durée« befinden können; (d) und an die »eigentlichen« Zeiten von langer Dauer, die z. B. die alteuropäischen Agrargesellschaften bis ins 18. Jahrhundert kennzeichnen, das kontinuierliche Gleichmaß, die gleichbleibende Struktur über lange Jahrzehnte, ja Jahrhunderte hinweg – bis hin zu den »quasi immobilen« geographischen Zeiten Braudels. Alle diese Zeiten umschließen, von heute aus gesehen, unterschiedliche Vergangenheiten: den Zeitraum des ersten »Kondratieff« oder den des Jahrgangs 1921.

Unstreitig hat die Mehrheit der Soziologen, die längerfristigen Zeiten unterschätzend, in ihrem Gegenwartsbegriff vornehmlich die beiden ersten Zeiten verknüpft. Auch die politisch-diplomatische Ereignisgeschichte hat sie bis zur Ausschließlichkeit bevorzugt. Die moderne deutsche, englische und z. T. auch amerikanische Sozialgeschichte kombiniert die zweite und dritte Zeit, ohne die erste auszuschließen, während sie der vierten mit Mißtrauen gegenübersteht, da diese die Gefahr birgt, als Sachzwang ontologisiert, als Determinante der Geschichte verabsolutiert und somit historischem Wandel gerade wieder entzogen zu werden.[23] Weder die historische Soziologie noch die Sozialgeschichte können jedenfalls vorwärtsgelangen, wenn sie nicht, je nach ihrer Problemstellung, unterschiedliche Zeitstrukturen berücksichtigen, gewichten, kombinieren. Gerade die Sozialgeschichte hat es ja, anders als die Politikgeschichte, selten mit klaren Datierungen für Anfang und Ende zu tun, sondern muß mühsam versuchen, meist langsam anlaufende, dann sich vielleicht beschleunigende Prozesse zu erfassen.

Die Anerkennung und genauere Bestimmung verschiedener historischer Zeiten innerhalb ein und derselben chronologischen Periode bietet freilich zunächst nur die Möglichkeit, ein formales Orientierungsschema über eine Vergangenheit zu legen[24], denn die Zeiten dürfen genausowenig mystifiziert werden wie Volk, Nation, Staat. Nichts wäre törichter, als an deren Stelle den neuen Zeitgötzen zu setzen; nein, die Einübung in die Bedeutung der Zeitstrukturen soll lediglich von vornherein die Aufmerksamkeit des Historikers oder Soziologen auf einen Tatbestand lenken, der in der Geschichte gewissermaßen das Übliche darstellt: auf die Überschneidung mehrerer Prozesse mit unterschiedlicher Geschwindigkeit, auf die »Gleichzeitigkeit des Ungleichzeitigen« (Ernst Bloch).[25] Zur Erfassung dieser Prozesse benötigt man prozessuale Kategorien, und Zeitkategorien gehören zu ihnen. Man muß darauf achten, ob der Angehörige einer Generation vor 1789 oder 1815 geboren worden ist, ob sich nicht im Vormärz lange Wellen der Bevölkerungs- und Wirtschaftsentwicklung mit kurzlebigen Rechtsentscheidungen und noch knapper bemessenen politischen Vorgängen überschneiden, ob sich im geradezu klassischen Soziallaboratorium der Jahre zwischen 1918 und 1933 die Blochsche Formulierung bewähren kann.

Das Entscheidende bleiben jedoch die sozialen, ökonomischen, politischen Prozesse selber und ihr Inhalt. Das zeitliche Gitternetz muß daher durch Theorien und die von ihnen auf den Begriff gebrachten historischen Abläufe inhaltlich gefüllt und näher präzisiert werden: durch die Theorien des ökonomischen Wachstums und die Wirtschaftsgeschichte, die Theorien des sozialen Wandels und die Sozialgeschichte, die Theorien der historischen Demographie und die Bevölkerungsgeschichte, die Theorien der politischen Herrschaftsformen und die Politikgeschichte usw. Eine deutsche Sozialgeschichte des 19. und 20. Jahrhunderts z. B. hätte verschiedene lange Schwingungen der Konjunktur und der Bevölkerungsentwicklung mit den Säkulartrends der Industrialisierung und Agrarwirtschaft, der Zeitdauer staatlicher Organisationen, aber auch mit den kurzfristigen ereignisgeschichtlichen Zeiten, den wirtschaftlichen Oszillationen der saisonalen Schwankungen, der »Kitchins« und »Juglars« usw. zu verbinden. Wie immer man diesen Zeitraster differenzieren mag – und die Interferenzen der verschiedenen Prozeß- und Zeitabläufe, ihre Knotenpunkte, werfen die spannendsten Probleme auf –: ohne das vorbehaltlose Eingeständnis, daß die ebenso unterschiedlichen wie unwiderruflichen historischen Zeiten einen Kernbereich jeder historischen Sozialwissenschaft bilden, kann die Soziologie mit der Geschichte nicht dauerhaft zusammenkommen, geschweige denn fusionieren. Und was den Praxisbezug angeht, so vermittelt erst die Würdigung der historischen Zeiten die Einsicht in das Gewordensein der Geschichte, d. h. aber auch in ihre Veränderbarkeit. Damit jedoch kann die Geschichtskenntnis von den vermeintlichen Zwängen der »Gegenwart« befreien[26], denn indem sie deren allmähliche Entstehung verfolgt, löst sie harte Strukturen auf, entzaubert sie deren vermeintliche Unveränderbarkeit, steigert sie die Chancen, verändernden Einfluß zu nehmen. Das ließe sich z. B. an der liberalen Marktgesellschaft als einer jungen sozialen Verfassungsform prägnant zeigen.[27]

Mit dem verstümmelten Zeitbegriff hängt vielleicht zusammen, daß in der Soziologie weithin ein fast lineares Entwicklungsdenken dominiert hat. Der Historiker hat hier, sei es aus nur konservativen, sei es aus berechtigten Gründen, einige Einwände. Er wird geschult, auf die »Gleichzeitigkeit des Ungleichzeitigen« zu achten; gerade sie ist oft das Folgenreiche in der Geschichte, seltener die eindeutig dominierende Tendenz. Nicht zuletzt deshalb empfindet er starkes Unbehagen gegenüber allzu schematisierenden Modernisierungstheorien. Langfristige Evolution kann er wie der Soziologe mühelos erkennen, aber sein Blick ist auch für die »Verwerfungen« (Dahrendorf) der Geschichte, für die »Devolution«, für die Gegenläufigkeit von Entwicklungen geschärft, z. B. für die Verländlichung (»pastoralisation«) von ehemals blühenden Gewerbelandschaften als Folge der Industrialisierung vornehmlich städtischer Ballungszentren; z. B. für die Zementierung diskriminierenden Wahlrechts im Zeitalter der aufsteigenden Massendemokratien usw.[28] Er wird die Ambi- oder Polyvalenz historischer Situationen häufiger betonen als die Geradlinigkeit des Fortschritts.

In diesem Zusammenhang darf auch ein anderer, möglicherweise irrational klingender Einwand nicht stillschweigend übergangen werden. Dem Historiker wird in mühsamen Bildungsprozessen, die durchaus mit handwerklichen Lehrjahren (im guten Sinn) verglichen werden können, ein Gefühl für Komplexität antrainiert. Er wird die oft schillernde Vielfalt der Wirklichkeit auch mit einer nuancierten historischen Theorie nicht immer leicht in Übereinstimmung bringen können. Er wird zu konkretem Denken, zum sorgsam abwägenden Urteil, das auch bei einer scharfen These mögliche Einwände mitreflektiert, angehalten. Die Gefahren dieser Ausbildung sind allerdings ihrerseits deutlich zu erkennen, denn viel zu oft ist bei Historikern das behutsame Verstehenwollen zur schieren konservativen Bewegungslosigkeit und reaktionären Vergangenheitsidealisierung erstarrt. In der Ausbildung von Soziologen läßt sich dagegen ein Hang zur vorschnellen Formel, zur flinken Welterklärung, zur vorzeitigen Zufriedenheit mit dürren Ergebnissen, die mit höchsten theoretischen Ansprüchen gekoppelt werden, beobachten; jedenfalls gilt das, seitdem sich das nomologische Interesse durchgesetzt hat, also am stärksten im Einflußbereich der neopositivistischen Theorien, die nach wie vor der Chimäre einer den notwendigen Methodendualismus leugnenden Einheitswissenschaft anhängen. Kurzum, es gibt die Verführung, komplexe Realität geschwind auf eine scheinbar befriedigende Pseudotheorie zu bringen. Geschichte scheint dann auch leicht machbar zu sein. Webers Diktum von der Politik als »dem Bohren dicker Bretter« wird arrogant abgetan.[29] Die Sperrigkeit der Vergangenheit gegenüber glatten Formeln, die Anstrengung, in zahllosen Arbeitsgängen allmählich einer historischen Theorie nahezukommen, werden hier zu oft unterschätzt. Jedenfalls scheint es bisher durchaus ausbildungs- und gruppenspezifische Kollektivmentalitäten der Disziplinen zu geben, deren Unterschiede gar nicht leicht aufzuheben sind, vielleicht auch nur durch die Schulung für eine historische Sozialwissenschaft überwunden werden können. In diesem Fall wird die Soziologie über ihren Schatten springen müssen.

Als Nachteil empfindet der Historiker häufig den übertrieben hohen Abstraktionsgrad jener soziologischen Theorien, deren Erklärungsfähigkeit gering, wenn nicht geradezu minimal ist.[30] Für die empirische Problemanalyse darf wahrscheinlich ein bestimmtes Maß an Abstraktion nicht überschritten werden. Gewöhnlich sinken Erklärungskraft und Trennschärfe für realhistorische Probleme in dem Maß, in dem das Abstraktionsniveau steigt, dessen imponierende Architektonik nicht selten nur biederem »common sense« Zuflucht gewährt. Für den Historiker scheint es höchste Zeit zu sein, daß sich Soziologen endlich von ihrem Ideal, dem Newtonschen Gesetzestyp, der verständlicher-, aber naiverweise auf das Sozialleben übertragen worden ist, zu lösen. Auch dieses Problem führt jedoch auf den Charakter historischer Theorien zurück, auf die später noch einmal einzugehen ist.

Daß Quantifizierung notwendig sein kann, ist unbestritten. Prinzipielles Mißtrauen war stets und bleibt auch fortab ganz unvernünftig. Wo nur irgend zu erreichen, soll auch quantitativ größtmögliche Klarheit geschaffen werden. Gewiß hat Gaetano Salvemini nicht ohne Berechtigung darauf hingewiesen, daß die kritischen Ereignisse in der Geschichte meist die Frage »nach etwas mehr oder weniger« involvieren. Dieser Unterschied kann oft – und sollte so oft wie nur möglich – quantifiziert werden. Wird die Quantifizierung jedoch zum Fetisch, dann ist die empiristische Trivialität des Fliegenbeinezählens nicht mehr weit.[31] Vermutlich lassen sich nur sehr wenige »qualitative« Fragen mit Hilfe quantifizierender Methoden eindeutig beantworten, eher wohl gelegentlich schärfer eingrenzen oder klarer formulieren. Fast alle schwierigen Probleme der Gesellschaftsanalyse besitzen jedoch (zumindest auch) »qualitativen« Charakter.

Irrig ist auch die Annahme, daß das historische Material der jüngsten Vergangenheit, der »Gegenwart«, reichlicher vorhanden und von besserer Qualität als das aus älterer Vergangenheit sei. Genau das Gegenteil ist oft richtig. Die vielen Vergangenheiten bieten zudem zahlreichere gesellschaftliche Formen, bergen mehr diskussionswürdige Probleme als der schmale und gewöhnlich willkürlich herausgetrennte Ausschnitt »Gegenwart«.[32]

Als unübersehbarer Nachteil muß es der Historiker – um damit zu schließen – empfinden, daß die Soziologie viel zu häufig, fast durchgängig, auf ein diszipliniertes hermeneutisches Sinnverständnis verzichtet. Gewiß, der historische Zusammenhang geht nicht in dem auf, »was die Menschen wechselseitig intendieren« – gewiß lehnt auch der, der nein zu historischen Theorien sagt, mit einer gewissen Notwendigkeit das »Verstehen« ab.[33] Aber hinter den Historismus und seine hermeneutische Theorie gibt es keinen Weg zurück, es sei denn man akzeptiere eine radikale Beschneidung der Erkenntnismöglichkeiten. Unbestritten ist, daß auch diese Theorie ergänzt, erweitert, präzisiert, mit anderen Theorien verbunden werden muß. Da andererseits aber die Soziologie ohne Hermeneutik letztlich nicht auskommt, führt der Verzicht auf geschultes »Verstehen« oft zu einer unreflektierten Interpretation, der man ihre Mängel deutlich ansieht.

Ein Katalog von Vorwürfen der Soziologen gegen die Historiker läßt sich ebenfalls leicht zusammenstellen, wobei auch hier von der in der Regel berechtigten Kritik an der politisch und sozial konservativen Grundhaltung der meisten Historiker einmal abgesehen werden soll, denn Gegenbeispiele ließen sich durchaus nennen.

Vergleichsweise selten wird der Geschichtsschreibung vorgeworfen, daß sie vielfach einen ungeklärten, zu wenig untergliederten Vergangenheitsbegriff besitzt, obschon darauf alle die Einwände zuträfen, die gegen eine nebulöse »Gegenwart« gerichtet werden können. Ins Schwarze aber trifft die Kritik an der Theoriearmut der Geschichte, jedenfalls insofern, als darunter der Mangel an explizit entwickelten Theorien verstanden wird. Daß sich viele Historiker darauf auch noch etwas zugute gehalten haben, konnte das

Wohlwollen der seit jeher schärfer systematisierenden Soziologen nicht steigern. Vor allem aber verdient die naive Vorstellung Kritik, daß es allein der zeitliche Abstand schon gestatte, bestimmte Strukturen in der Vergangenheit deutlicher zu erkennen, so als gerönne die flüssige Gegenwart automatisch nach (wieviel?) Jahrzehnten zu festen, erkennbaren Einheiten. Zwar spielen Temperament und Leidenschaft zweifellos eine Rolle, wenn der Historiker z. B. 1920 oder 1970 über den Versailler Friedensvertrag urteilt. Aber erstens bleibt das erkenntnisleitende Interesse wichtiger als die psychische Disposition; zweitens ist die disziplinierte Kontrolle des Urteils ein »fundamentaler methodologischer Imperativ« jeder Humanwissenschaft, so daß wachsende zeitliche Distanz (setzt man das gleiche Maß an Quellen voraus) allenfalls forschungspsychologisch günstig wirkt[34]; und drittens verschleiert die Idee, nach einer gewissen Zeit stellten sich gleichsam natürlich allgemein einleuchtende historische Perspektiven ein, die Notwendigkeit reflektierten theoretischen Arbeitens. Die Zeitgeschichte und die Politische Soziologie haben sich diesen Luxus, auf wachsenden zeitlichen Zwischenraum zu warten, ohnehin nicht leisten können. Infolgedessen schlägt z. B. in den zeitgeschichtlichen Vorlesungen von Ranke das konservative, von Droysen und Sybel das liberale Urteil ungleich stärker als anderswo bei ihnen durch. Anstatt daß man mühsam das Koordinatensystem der Fragestellungen und Werturteile herausinterpretieren muß – darin ist den Soziologen zuzustimmen –, sollten sich auch die Historiker endlich daran gewöhnen, explizit ihre theoretischen Prämissen und Schlußfolgerungen darzulegen, um die institutionalisierte Kritik zu erleichtern.

Die Vertiefung in jedes, auch ins unwesentliche Detail, die liebevolle Versenkung auch ins abstrus Einmalige haben viele Soziologen seit jeher an Historikern irritiert. Und obwohl sich hier beide Disziplinen vermutlich gleichermaßen schuldig gemacht haben, ist jedenfalls auch die Historie häufig genug dem altpositivistischen Ideal, durch Anhäufung von Einzelforschung, im kumulativen Verfahren, »die« Geschichte in den Griff zu bekommen, erlegen – die *Jahrbücher der deutschen Geschichte* verraten das z. B. noch immer ganz deutlich. Daß der Kumulierung die paradigmatische Problemlösung – Thomas Kuhns »Paradigmata« –, das Wissen mittel- oder sogar langfristig um bestimmte Brennpunkte organisieren, vorzuziehen sei, gilt auch für die Geschichtswissenschaft.[35] Heute läßt sich ja bei uns deutlich beobachten, wie die klassichen Paradigmata vom »Primat der Außenpolitik« und der Staatspolitik überhaupt, die ursprünglich einmal den Prozeß der modernen Staatsbildung reflektierten, durch neue Paradigmata, z. B. der sozialökonomischen Analyse, ersetzt bzw. verdrängt werden.

Die Scheu vor Quantifizierung ist, manchmal zu Recht, an Historikern gerügt worden, obwohl dieser Einwand z. B. gegenüber der älteren Wirtschaftsgeschichte nur begrenzt aufrechterhalten werden kann. Wichtiger ist – da hier nur die dogmatischen Positionen unnötige Probleme aufwerfen – die Kritik an einem lastenden Erbe des Historismus: daß nämlich Kategorien der Sozialforschung der »Gegenwart« für die Untersuchung von Vergangenheit, die nur mit quellengerechten, d. h. im Extremfall nur mit zeitgenössischen Begriffen zu erschließen sei, untauglich blieben. Dagegen ist mit guten Gründen auf dem, wenngleich zeitlich begrenzten und nicht beliebig tief in die Vergangenheit hinein verlängerbaren, Wert solcher Kategorien zu bestehen, die als funktionalistische Begriffe (wie Rolle, Status, Bezugsgruppe, Sozialstruktur, Persönlichkeitstypus usf.) auch für frühere Phasen von Gesellschaften, an denen sie unlängst gewonnen worden sind, ihre analytische und erklärende Kraft beweisen können; sie müssen dazu allerdings gewissermaßen historisch aufgeladen werden.[36] Nicht nur erklärt die Vergangenheit die »Gegenwart«, sondern auch die Gegenwart Teile der Vergangenheit.

Zu oft hat auch die Verstehenslehre des Historismus dazu geführt, daß sich die Geschichte sowohl auf zustimmendes Nachempfinden beschränkt als auch mit einem bereitwilligen Kniefall vor der normativen Kraft des Faktischen den jeweiligen Status quo in Gesellschaft und Politik gebilligt hat. Anders gesagt: Sie hat sich zu lange mit der Interpretation intentionalen Handelns mit Hilfe zeitimmanenter Maßstäbe und Möglichkeiten (oder dem, was sie dafür hielt) zufriedengegeben, aber übersehen oder geleugnet, daß die Vergangenheit jeweils unter den theoretischen Gesichtspunkten von heute aufgeschlüsselt werden muß und kann.[37]

Die traditionellen Quellengattungen gestatten es zwar, die vermutlichen Motive und Reaktionen von Einzelnen, etwa im Hinblick auf die Industrialisierung, während einer bestimmten Zeit darzustellen, aber erst moderne Theorien des wirtschaftlichen Wachstums, des sozialen Wandels, der Sozialpsychologie des Kollektivverhaltens ermöglichen es, strukturgeschichtliche Entwicklungen, die sich über die Köpfe dieser Einzelnen hinweg durchgesetzt haben, in ihrem Erfahrungshorizont als strukturelle Prozesse aber nicht wahrgenommen wurden und folglich keinen direkten Niederschlag in den Quellen fanden, präziser zu analysieren. Nur die Strukturgeschichte in diesem Sinn ermöglicht es auch, Marx' Einsicht zu konkretisieren, daß »die Menschen« zwar »ihre eigene Geschichte« machen, »aber sie machen sie nicht aus freien Stücken, nicht unter selbstgewählten, sondern unter unmittelbar vorgefundenen, gegebenen und überlieferten Umständen«.[38]

Von diesem Ansatz her, der ebenso legitim und notwendig wie der historische ist, kann die Geschichtswissenschaft auch besser einer ihrer emanzipatorischen Funktionen gerecht werden: nämlich Distanz zur Geschichte als Inbegriff der Vergangenheiten zu schaffen, die »Befreiung von unbegriffenen Mächten« zu fördern, den Schein der Natürlichkeit vergangener, aber die Gegenwart mitbestimmender Entwicklungen zu zerstören und damit Energien, Perspektiven, Einsichten für die Opposition gegen die vermeintlichen Sachzwänge, gegen das »Gehäuse der Hörigkeit der Zukunft« in einer technokratischen Industriezivilisation freizusetzen.[39] Die Hermeneutik des klassischen Historismus allein genügt nicht, wenn sich die Geschichtswissenschaft als eine historisch-kritische Sozialwissenschaft mit geschultem Verständnis für die historischen Zeiten (oder die historische Dimension von »Gegenwartsfragen«), mit Problemorientierung statt Bindung an vorgegebene chronologische Perioden, mit klaren erkenntnisleitenden Interessen und also begründeten Selektionsprinzipien verstehen will.[40]

Für eine solche historische Sozialwissenschaft rücken Forschungsfelder und Darstellungsaufgaben, die durch Wirtschaft und Gesellschaft, Herrschaft und Ideologie bestimmt werden, in den Mittelpunkt.[41] Ob man nun dabei von der Sozialgeschichte ausgeht und diese sowohl in den Bereichen der Wirtschaft als auch der Herrschaft fest verankert, ob man von der Sozial- und Wirtschaftsgeschichte als Einheit ausgeht und diese mit der Analyse von politischen Entscheidungen und handlungsmotivierenden Ideologien verbindet, oder ob man von einem politischen Herrschaftstypus ausgeht und ihn in der Untersuchung mit Ökonomie und Gesellschaft verkoppelt – diese Verschiedenheit der Zugänge ist letztlich von geringer Bedeutung, solange nur die Anstrengung darauf gerichtet bleibt, der Verschränkung dieser Faktoren gerecht zu werden. Selbstverständlich lassen sich die realhistorischen Schwerpunkte nicht a priori mit ganzer Sicherheit bestimmen, sondern vorerst nur in einem theoretischen Vorgriff. Es wird dann von den Forschungsergebnissen, nicht nur von der ursprünglichen Fragestellung abhängen, ob und in welchem Zeitraum z. B. das politische oder das ökonomische Element der Politischen Ökonomie mehr Gewicht erhält – wirksam sind stets beide. Der größere Nachholbedarf besteht in der Bundesrepublik bei den Historikern noch immer im Hinblick auf die Berücksichtigung von Wirtschaftsgeschichte und Wirtschaftstheorie, aber auch bei den Soziologen im Hinblick auf Wirtschaftssoziologie und Wirtschaftsgeschichte.

Erkennt man diese allgemeine Marschroute an, dann ergibt sich für die theoriebedürftige Geschichtswissenschaft, daß sie mehrere Theorien verknüpfen oder multidimensionale Theorien erarbeiten muß, um ihren Problemkomplexen gerecht zu werden. Sie wird daher sowohl auf die Kooperation mit Soziologie und Ökonomie, Politikwissenschaft und Staatsrecht verwiesen, wie diese umgekehrt auch – wie sich gezeigt hat – ohne die Geschichte nicht auskommen oder doch für den Verzicht einen zu hohen Preis zahlen müssen. Da die moderne Welt seit den Revolutionen des ausgehenden 18. Jahrhunderts in einem historisch beispiellosen Ausmaß auf sozialökonomischen Veränderungen basiert, rücken Sozial- und Wirtschaftsgeschichte, die meines Erachtens eine notwendige Einheit bilden, rücken Soziologie und Ökonomie bei jeder realistischen Analyse in eine zentrale Stellung. Selbst wenn Politik – hier einmal im Sinne Max Webers als Ringen und Gewinn, Behauptung und Ausdehnung von Machtchancen verstanden – als Kampf um partielle und gesamtgesellschaftliche Steuerung zugunsten der Herrschenden selbstverständlich ihr eigenes Gewicht behauptet, so kann sie doch nicht losgelöst von Konjunkturzyklus und Wachstumsstörung, von Bevölkerungsvermehrung und Klassenstruktur und deren zahlreichen Auswirkungen begriffen, erörtert, dargestellt werden.

Nicht zuletzt von dieser dialektischen Verschränkung her erklärt sich die Faszination der Marxschen Theorie, die innerhalb ihres Beziehungsgeflechts von Ökonomie, Gesellschaft und Herrschaft eine schwer zu übertreffende Kraft bewiesen hat, die endogene Dynamik einer Gesellschaft, die Geschichte als Prozeß mit eigenen Antriebskräften zu begreifen.[42] Im Rahmen einer solchen Theorie läßt sich auch der ominöse soziale Wandel inhaltlich präzisieren; gerade er bleibt ja in den Sozialwissenschaften oft diffus, da die gesamte Fragestellung von makrosoziologischen Problemen, und das heißt immer: von der Geschichte, die man erst kennenlernen muß, beherrscht wird. Mit der inzwischen wieder abebbenden Vernachlässigung der Makrosoziologie hing folgerichtig die Enthistorisierung der Soziologie eng zusammen.[43] Einige verfehlte Prognosen und chiliastische Elemente mindern kaum ernsthaft das explanatorische Potential dieser Forschungsstrategie, solange sie nur undogmatisch, mit der elastischen Bereitschaft zu Ergänzung und Revision, vor allem aber ohne Heilsgewißheit verfolgt wird. Als handlich vulgarisiertes Dogma wird sie genauso scheitern wie diejenigen, die mit ehernen Gesetzestafeln vom Berge Sinai der Systemtheorie herabsteigen. Allgemein dürfte der Historiker gerade ihr gegenüber Konflikttheorien bevorzugen, da sie der prozessualen Bewegung in der Zeit besser gerecht werden. Gegen Querschnittsanalysen, gegen relativ statische Bestandsaufnahmen (»Preußen am Vorabend der 1848er Revolution«), die ihren heuristischen und darstellerischen Wert besitzen, indem sie als Folie für Bewegung dienen können, läßt sich nichts einwenden. Aber die Systemtheorien frieren dynamische Prozesse ein – zunächst aus theoretischen Gründen. Veränderung wird zu oft als Folge exogener Impulse begriffen, endogener Wandel – ein Zentralproblem der Geschichte – dagegen stillschweigend ausgeklammert, diskriminiert oder unbegreifbar wie für diejenige französische Strukturgeschichte, die angesichts der Dominanz der »longue durée« die Revolution von 1789 nicht mehr recht erfassen kann.[44] Die historischen Zeiten sind aus der Systemtheorie verbannt worden; sie kann nach ihrem Kunstgriff: aus methodischen Gründen die Geschichte erst einmal stillgelegt zu haben, diese aller bisherigen Erfahrung nach nicht wieder als Bewegung erfassen. Überdies bietet sie sich als technokratisches Herrschaftswissen zur »Systemsteuerung« geradezu an[45], denn unleugbar beruht ihre derzeitige Resonanz auch darauf, daß große Bereiche des gesellschaftlichen Lebens systemartig organisiert sind. Und sie steigert den Eindruck vom Sachzwangcharakter von Entwicklungen, die einem konkret analysierbaren Interessen- und Herrschaftszusammenhang entstammen. Die Inspiration einer historisch-kritischen Sozialwissenschaft kann deshalb schwerlich von den gegenwärtigen Systemtheorien kommen[46]; die mögliche Konvergenz von Geschichtswissenschaft und Soziologie wird vielmehr – um noch einmal einige Punkte herauszugreifen – unter folgenden Bedingungen voranschreiten können:

Ganz zentral ist die Einigung auf die Notwendigkeit eines bestimmten Desideratums: auf historische Theorien, die gewöhnlich mittlere Reichweite besitzen. »Die wahre Theorie«, so hat Marx seine Vorstellungen beschrieben, »muß innerhalb konkreter Zustände und an bestehenden Verhältnissen klargemacht und entwickelt werden«. »Niemals« aber könne man zu einer solchen Theorie »gelangen mit dem Universalschlüssel einer allgemeinen geschichtsphilosophischen Theorie, deren größter Vorzug darin besteht, übergeschichtlich zu sein«. In der Einleitung zu seinen *Grundrissen der Kritik der Politischen Ökonomie* hat er genauer die Entwicklungsstufen bei der Erarbeitung solcher historisch-dialektischer Theorien charakterisiert.[47]

Im Anschluß an das Marxsche Theorieverständnis hat Habermas unlängst die »historischen Bewegungsgesetze« der »dialektischen Analyse« pointiert von den Gesetzmäßigkeiten der analytisch-empirischen Theorie neopositivistischer Provenienz unterschieden. Weil diese historischen Theorien »vom spezifischen Zusammenhang einer Epoche, einer Situation nicht abstrahieren, gelten sie keineswegs generell. Sie beziehen sich nicht auf [...] Konstantes, sondern auf einen jeweils konkreten Anwendungsbereich, der in der Dimension eines im ganzen einmaligen und in seinen Stadien unumkehrbaren Entwicklungsprozesses, also schon in Kenntnis der Sache selbst und nicht bloß analytisch definiert ist.«[48] An eine andere Tradition anknüpfend, haben Karl Mannheim und C. Wright Mills auf die »principia media« von Bacon und John Stuart Mill zurückgegriffen und eine Theoriekonzeption, die nur »in historisch beschränkten Zeiten und Räumen« gilt, befürwortet.[49] Von diesen Positionen her ist Kooperation zwischen Historikern und Soziologen (und Ökonomen) durchaus möglich. Eine historische Theorie des deutschen Faschismus oder des klassischen okzidentalen Imperialismus von den 1870er Jahren bis 1945 wäre in diesem Sinne sehr wohl vorstellbar; sie würde die Analyse sozialökonomischer, politischer und sozialpsychologischer Zusammenhänge einleuchtend koordinieren können.

Es kann hier nur angedeutet werden, daß diese historischen Theorien einen bestimmten Realitätsbegriff voraussetzen. Die unter Historikern noch immer verbreitete neokantianische Erkenntnistheorie neigt dazu, Vergangenheit als riesigen unüberschaubaren Fluß, als ungeordnetes »Chaos« (M. Weber) zu verstehen, in das der an bestimmte Wertideen gebundene Historiker erst Struktur hineinbringt. »Geschichte ist, was die Historiker tun«: diese Formulierung J. Berlins drückt das nur überspitzt aus.[50] Dagegen wird man darauf beharren müssen, daß die Vergangenheit unabhängig vom erkennenden Subjekt Strukturen besitzt, sozusagen weiche, keine von vornherein eindeutig harten, schnell aus der Sache selbst sich ergebenden, jedenfalls erkennbare, durch einen Pluralismus konkurrierender Interpretationen erschließbare. Wird das nicht eingeräumt, so entfällt eine entscheidende Prüfungsinstanz für die Erklärungskraft jeder historischen Theorien. Völlige Beliebigkeit – je nach der Vorentscheidung durch verpflichtende Wertbezüge – ist dadurch ausgeschlossen, der Interpretationspluralismus kann daher nicht unendlich groß sein.

Im Zeichen derartiger historischer Theorien wäre auch mit Notwendigkeit die Anerkennung der historischen Zeiten gewährleistet und damit eine besonders hinderliche Barriere aus dem Wege geräumt. Erleichtert würde auch die zunehmend wichtigere komparative Forschung, deren Logik fraglos zu den unterentwickelten Sektoren gehört. Der Vergleich darf sich nicht länger auf das Aneinanderreihen mehr oder minder oberflächlicher Ähnlichkeiten von Stratifikationsmustern, Verfassungsregelungen usw. beschränken, sondern er müßte vor allem drei Gesichtspunkte berücksichtigen: (a) Vergleichende Analyse dient dazu, entweder sehr allgemeine oder sehr spezifische Hypothesen auf ihre Validität zu überprüfen und je nachdem zu modifizieren oder aufzugeben – in Hintzes Worten: »um ein Allgemeines zu finden« oder »Individualität schärfer zu erfassen«.[51] (b) Dazu ist es notwendig, nicht Gleichbenanntes oder Gleichscheinendes, sondern jeweils funktionelle Äquivalente zu vergleichen (die frühe SPD mit den englischen Chartisten, die Rolle englischer Privatunternehmer mit deutschen Großbanken oder russischen Staatsbürokratien), etwas, was den Historikern bislang schwerfällt, fraglos aber auch Behutsamkeit verlangt. (c) Und der Zeitfaktor muß insofern besonders berücksichtigt werden, als keineswegs nur synchron, sondern auch diachron verglichen werden muß (das England der 1840er Jahre mit dem Deutschland der 80er Jahre), je nach phasenverschobenen Entwicklungsniveaus, die im allgemeinen einen funktionalistischen Ansatz voraussetzen, wobei man sich der gleichsam eingebauten Präjudizierung durch solche Theorien bewußt bleiben muß.

Insgesamt scheint keine gleichmäßige Konvergenz – sozusagen mit gleich großen Verzichtdeputaten und Lernprozessen auf beiden Seiten – möglich zu sein, sondern wieder einmal eine ungleichmäßige Entwicklung, die vermutlich der Mehrheit der Soziologen mehr abverlangt als denjenigen Historikern, die den Dialog mit den Sozialwissenschaftlern führen, weil sie ihn für notwendig halten. Denn statt Konvergenz wird erst einmal Anerkennung der Geschichte, der historischen Zeiten, der historischen Theorien nötig sein.[52] Die Soziologen können dann kaum mehr die Resultate der Historiker übernehmen, denn das bleibt eine Art tertiärer Erfahrung, und in ihrem Kaleidoskop zurechtschütteln; sie müssen vielmehr selber zu den Quellen zurückgehen und diese unter ihren Fragestellungen auswerten. Ebensowenig können die Historiker soziologische Theorien übernehmen und ihrem Material aufpfropfen; sie müssen vielmehr theoretische Anregungen aufgreifen und selber historische Theorien entwickeln.[53] Schritte eine solche Entwicklung aber fort, wofür wichtige Anzeichen sprechen, dann erscheint die allmähliche Fusion zu einer historisch-kritischen Sozialwissenschaft mit emanzipatorischen erkenntnisleitenden Interessen und klarem Theoriebewußtsein, mit Verständnis für die historische Zeit und empirischer Solidität möglich. Sie könnte sich dem Problem »der Gegenwart als geschichtlichem Problem« gewachsen zeigen.[54]

Anmerkungen zu »Geschichte und Soziologie«

1 Vgl. z. B. die Literatur in H.-U. Wehler (Hg.), *Geschichte und Soziologie*, Köln 1972 (NWB 53) 355-61, bzw. in: ders. u. N. Elias (Hg.), *History and Sociology*, London 1974.

2 Vgl. einige der besten Arbeiten jüngeren Datums von Vertretern beider Disziplinen: L. Stone, *The Crisis of the Aristocracy, 1558-1641*, London 1965; E. LeRoy Ladurie, *Les Paysans de Languedoc*, 2 Bde., Paris 1966; J. Kocka, *Unternehmensverwaltung und Angestelltenschaft am Beispiel Siemens, 1847-1914*, Stuttgart 1969; E. P. Thompson, *The Making of the English Working Class*, London 1963; H. Perkin, *The Origins of Modern English Society, 1780-1880*, London 1969; S. Thernstrom, *Poverty and Progress: Social Mobility in a 19th Century City*, Cambridge/Mass. 1964; C. Tilly, *The Vendée*, Cambridge/Mass. 1964; B. Moore, *Soziale Ursprünge von Diktatur und Demokratie*, Frankfurt 1969; N. Smelser, *Social Change in the Industrial Revolution*, London 1959; S. M. Lipset, *The First New Nation*, N. Y. 1969; R. Dahrendorf, *Gesellschaft und Demokratie in Deutschland*, München 1965. Wahrscheinlich ist hier und im folgenden noch zu oft von *der* Soziologie und *der* Geschichte ohne ständige Differenzierung die Rede; aber ohne gewisse Verkürzungen läßt sich das Thema nicht erörtern.

3 R. König in: ders. (Hg.), *Handbuch der empirischen Sozialforschung*, II, Stuttgart 1969, 1287; s. auch V u. 1284; C. Tilly, *Clio and Minerva*, in: J. C. McKinney und E. A. Tiryakian (Hg.), *Theoretical Sociology*, N. Y. 1970, 434-66 (dt. in: *Geschichte und Soziologie*, 97-131); E. J. Hobsbawm, *From Social History to the History of Society*, in: *Daedalus* 100. 1971, 20-45 (dt. ebda., 331-53). Eine ähnliche Entwicklung ließe sich in der ökonomischen Wachstumsforschung verfolgen; vgl. dazu Hobsbawm, passim; M. Postan, *Fact and Relevance*, Cambridge 1971, 67 f., und die Einleitung zu: H.-U. Wehler (Hg.), *Geschichte und Ökonomie*, Köln 1973 (NWB 58), 11-35. Eine erste Fassung lag meinem Beitrag *(Geschichte und Soziologie – Möglichkeiten einer Konvergenz?)* zur Festschrift für R. König, Köln 1973, zugrunde.

4 J. Habermas, *Zur Logik der Sozialwissenschaften*, Tübingen 1967, 91 (Frankfurt 1970², 179), vgl. 19-47, 164-76; ähnlich H. P. Dreitzel, *Theorielose Geschichte und geschichtslose Soziologie*, in: *Geschichte und Soziologie*, 37-52; ders., *Über die historische Methode in der Soziologie*, in: ders. (Hg.), *Sozialer Wandel*, Neuwied 1967, 441-65; H. Baier, *Soziologie und Geschichte*, in: *Archiv für Rechts- und Sozialphilosophie*, 52. 1966, 67-89; S. Landshut, *Kritik der Soziologie*, Neuwied 1969²; P. Bollhagen, *Soziologie und Geschichte*, Berlin 1966; ders., *Gesetzmäßigkeit und Gesellschaft*, Berlin 1967. So auch seit längerem C. W. Mills (*Kritik der soziologischen Denkweise*, Neuwied 1963, 192-208 (auch in: *Geschichte und Soziologie*, 85-96); ders., *Power, Politics, and People*, Hg. I. L. Horowitz, N. Y. 1963), der dabei gerade ein hochentwickeltes Land wie die USA vor Augen hatte. Vgl. noch B. Moore, *Strategie in der Sozialwissenschaft*, in: ders., *Zur Geschichte der Gewalt*, Frankfurt 1966, 85-123; A. Gouldner, *The Coming Crisis of Western*

Sociology, N. Y. 1971; H. Gerth u. S. Landau, *The Relevance of History to the Sociological Ethos,* in: M. Stein u. A. Vidich (Hg.), *Sociology on Trial,* N. Y. 1963, 26-34, sowie eindringlich N. Elias, *Soziologie und Geschichtswissenschaft,* in: ders., *Die höfische Gesellschaft,* Neuwied 1969, 9-59 (auch in: *Geschichte und Soziologie,* 53-77).

5 Marx-Engels, *Werke* (= *MEW*), 3, 1958, 18, vgl. 27: »Abstraktionen haben für sich, getrennt von der wirklichen Geschichte, durchaus keinen Wert.«

6 D. G. McRae, *Some Sociological Prospects,* in: *Transactions of the Third Congress of Sociology,* VIII, London 1957, 302; ähnlich beim 5. Kongreß: S. D. Clark, *History and the Sociological Method,* in: *Transactions of the Fifth World Congress of Sociology,* IV, Löwen 1962, 31-40; vgl. ders., *Sociology, History, and the Problems of Social Change,* in: *Journal of the Canadian Political Science Association* 25, 1959, 389-400. – E. Topitsch, *Geschichtswissenschaft und Soziologie,* in: ders., *Sozialphilosophie zwischen Ideologie und Wissenschaft,* Neuwied 1966², 129. Vgl. auch R. A. Nisbet, *History and Sociology,* in: ders., *Tradition and Revolution,* N. Y. 1968, 91- 104; ders., *Social Change and History,* N. Y. 1969; T. H. Marshall, *Class, Citizenship, and Social Development,* Garden City 1964; B. A. Wilson, *Sociological Methods in the Study of History,* in: *Transactions of the Royal Historical Society* 21, 1971, 101-18; K. T. Erikson, *Sociology and the Historical Perspective,* in: *The Sociology of the Future,* Hg. W. Bell, N. Y. 1971, 61-77.

7 C. A. Beard z. B., nach: R. E. McGrew, *History and the Social Sciences,* in: *Antioch Review* 18, 1958, 278; E. H. Carr, *What is History,* London 1961, 60 (dt. Stuttgart 1969²); H. St. Hughes, *The Historian and the Social Scientist,* in: *American Historical Review* (= *AHR*) 66. 1960, 20-46 (dt. in: *Geschichte und Soziologie,* 216-42); A. S. Eisenstadt, *American History and Social Science,* in: *The Centennial Review* 7. 1963, 255-72; S. L. Thrupp, *History and Sociology,* in: *American Journal of Sociology* (= *AJS*) 63. 1957, 1-10; C. Vann Woodward, *History and the Third Culture,* in: *Journal of Contemporary History* (= *JCH*) 3. 1968/II, 23-35; L. Benson, *Toward the Scientific Study of History,* N. Y. 1972. – Von deutschen Historikern vgl. z. B. O. Hintze, *Soziologie und Geschichte* (*Ges. Abh.* II), Göttingen 1964; W. Conzes und Th. Schieders Arbeiten in: *Bibliographie zur deutschen Sozialgeschichte 1789-1972,* in: *Moderne Deutsche Sozialgeschichte,* Hg. H.-U. Wehler, Köln 1973⁴ (NWB 10), 565-613.

8 O. Brunner, *Das Problem einer europäischen Sozialgeschichte,* in: ders., *Neue Wege der Verfassungs- und Sozialgeschichte,* Göttingen 1968², 102; eine wichtige Kritik an Brunners Ansatz in: H. Medick, *Naturzustand und Naturgeschichte Die Ursprünge der bürgerlichen Sozialtheorie und Sozialwissenschaft als Geschichtsphilosophie,* Göttingen 1973, Einl. (allg. vorzüglich auch über die Vorstellungen von historischer Gesellschaftsanalyse bei den schottischen Philosophen); F. Braudel, *Sur une conception de l'histoire sociale,* in: *Annales* 14. 1959, 308-19, auch in: ders., *Ecrits sur l'histoire,* Paris 1969, 175-91; D. W. Nicholas, *New Paths of Social History and Old Paths of Historical Romanticism:* O. Brunner, in: *Journal of Social History* 3, 1969/70, 277-94. Vgl. H.-U. Wehler, *Probleme der modernen deutschen Sozialgeschichte,* in: ders., *Krisenherde des Kaiserreichs 1871-1918,* Göttin-

gen 1970, 319-21; D. Hilger, *Zum Begriff und Gegenstand der Sozial-geschichte*, in: *Buch und Bibliothek* 23, 1971, 17-26.
9 E. J. Hobsbawm, *Europäische Revolutionen 1789-1848*, München 1962. Vgl. H. Freyer, *Soziologie als Wirklichkeitswissenschaft*, Leipzig 1930, 165; ders., *Soziologie und Geschichtswissenschaft*, in: *Geschichte in Wissenschaft und Unterricht*, 3, 1952, 14-20 (auch in: *Geschichte und Soziologie*, 74-84); Topitsch, 120; Brunner, 26-63; G. Eisermann, *Soziologie und Geschichte*, in: *Handbuch der empirischen Sozialforschung*, I, Stuttgart 1967², 601-40. Allg. hierzu: R. Aron, *Hauptströmungen des soziologischen Denkens*, 2 Bde., Köln 1971; H. Klages, *Geschichte der Soziologie*, München 1969; F. Jonas, *Geschichte der Soziologie*, 4 Bde., Reinbek 1968/69; R. Spaemann, *Der Ursprung der Soziologie aus dem Geist der Restauration*, München 1959.
10 G. Iggers, *Deutsche Geschichtswissenschaft*, München 1972²; *Deutsche Historiker*, Hg. H.-U. Wehler, 5 Bde., Göttingen 1971/72, in 1 Bd. 1973; H. Gollwitzer, *Neuere deutsche Geschichtsschreibung*, in: *Deutsche Philologie im Aufriß*, 3, Berlin 1967², 2287-356; J. Streisand (Hg.), *Studien über die deutsche Geschichtswissenschaft*, 2 Bde., Berlin 1963/65; W. Berthold u. G. Lozek (Hg.), *Kritik der bürgerlichen Geschichtsschreibung*, Köln 1970. Für die angelsächsischen Länder (Buckle!) und Frankreich (vgl. jetzt G. Lefebvre, *La naissance de l'historiographie moderne*, Paris 1971, 160-205; D. Gerhard, *Guizot, A. Thierry und die Rolle des Tiers Etat in der französischen Geschichte*, in: ders., *Alte und neue Welt in vergleichender Geschichtsbetrachtung*, Göttingen 1962, 57-75) gilt dieser Vorwurf längst nicht im gleichen Maße.
11 Vgl. K. F. Werner, *NS-Geschichtsbild und Geschichtswissenschaft*, Stuttgart 1967; H. Heiber, *W. Frank und sein Reichsinstitut für Geschichte des neuen Deutschland*, Stuttgart 1966; W. F. Haug, *Der hilflose Antifaschismus*, Frankfurt 1967. – C. v. Ferber, *Die Entwicklung des Lehrkörpers der deutschen Universitäten und Hochschulen 1864-1954*, Göttingen 1956; R. Dahrendorf, *Soziologie und Nationalsozialismus*, in: *Deutsches Geistesleben und Nationalsozialismus*, A. Flitner (Hg.), Tübingen 1965, 108-24, auch in: ders., *Pfade aus Utopia*, München 1968, 89-103; H. Maus, *Bericht über die Soziologen in Deutschland*, 1933-45, in: *Kölner Zeitschrift für Soziologie* (= *KZS*) 11, 1959, 72-99; R. König, *Studien zur Soziologie*, Frankfurt 1971, 9 bis 37, 103-36.
12 Hintze, a.a.O., 251; ein Anklang noch bei Dreitzel, *Historische Methode*; als massiver Vorwurf bei L. Kofler, *Zur Geschichte der bürgerlichen Gesellschaft*, Neuwied 1966³. Vgl. S. W. F. Holloway, *Sociology and History*, in: *History* 48, 1963, 154-80, und neuerdings: Th. Schieder, *Unterschiede zwischen historischer und sozialwissenschaftlicher Methode*, Moskau 1970, und in: *Festschrift H. Heimpel*, I, Göttingen 1971, 1-27, auch in: *Geschichte und Soziologie*, 283-304; K.-G. Faber, *Theorie der Geschichtswissenschaft*, München 1971.
13 Als Kritik an einer traditionalistischen Auffassung von Geschichtsschreibung ist M. Webers Aufsatz (*Die »Objektivität« sozialwissenschaftlicher und sozialpolitischer Erkenntnis*, in: *Gesammelte Aufsätze zur Wissenschaftslehre*, Tübingen 1968³, 146-214) immer noch notwendige Lektüre. Von Marx seine *Einleitung* zu *Grundrisse der Kritik der Politischen Ökonomie*, Berlin

1953, 5-31. Vgl. auch O. Hintze, *Der moderne Kapitalismus als historisches Individuum*, in: ders., *Ges. Abhandlungen*, Hg. G. Oestreich, II, Göttingen 1964, 374-426.

14 M. Bloch, *Les caractères originaux de l'histoire rurale française*, II, Paris 1956², XVII.

15 F. M. Powicke, *Modern Historians*, London 1955, 192.

16 Vgl. Dreitzel, *Theorielose Geschichte*, 51; Moore, *Strategie*; Habermas, *Zur Logik*, 91-125, 267-75, 278, 308.

17 Vgl. hierzu außer den Titeln in Anm. 2 z. B. im Hinblick auf die USA: K. A. Lockridge, *A New England Town*, Dedham/Mass. 1636-1736, N. Y. 1970; P. Greven, *Four Generations: Population, Land, and Family in Colonial Andover*, Ithaca 1970; M. Zuckerman, *Peacable Kingdoms, N. Y. 1970*; J. Demos, *A Little Commonwealth*. Family Life in Plymouth Colony, N. Y. 1970; J. T. Main, *The Social Structure of Revolutionary America*, Princeton 1970². Oder für eine spätere Zeit: S. Thernstrom, *Reflections on the New Urban History*, in: *Daedalus* 100, 1971, 359-75; ders., *Working Class Social Mobility in Industrial America*, in: M. Richter (Hg.), *Essays in Theory and History*, Cambridge/Mass. 1970, 221-38; ders., *Urbanization, Migration, and Social Mobility in Late 19th Century America*, in: B. J. Bernstein (Hg.), *Toward a New Past*, N. Y. 1969, 158-75. – Frankreich: P. Higonnet, *Pont-De-Montvert, Social Structure and Politics in a French Village, 1700-1914*, Cambridge/Mass. 1971; O. Hufton, *Bayeux in the Late 18th Century*, Oxford 1967; R. Forstner, *The House of Saulx Tavanes, 1700-1830*, Baltimore 1971. – England: W. G. Hoskins, *The Midland Peasant*, London 1957; E. J. Hobsbawm u. G. Rudé, *Captain Swing*, London 1970; L. Stone, *Social Mobility in England, 1500-1700*, in: Past & Present 30, 1966, 16-55. – Rußland: W. Vucinich (Hg.), *The Peasant in 19th Century Russia*, Stanford 1970. – Schweiz: R. Braun, *Industrialisierung und Volksleben*, Zürich 1960; ders., *Sozialer und kultureller Wandel in einem ländlichen Industriegebiet im 19. und 20. Jh.*, Zürich 1965. – Deutschland: J. Habermas, *Strukturwandel der Öffentlichkeit*, Neuwied 1965², 1971⁵; H. Rosenberg, *Große Depression und Bismarckzeit*, Berlin 1967.

18 Nicht immer frei davon sind z. B. W. Cahnman u. A. Boskoff (Hg.), *Sociology and History*, Glencoe 1964, 1-16, 560-80 (dt. in: *Geschichte und Soziologie*, 157-83); S. M. Lipset, *Bemerkungen zum Verhältnis von Soziologie und Geschichtswissenschaften*, in: *Logik der Sozialwissenschaften*, (Hg.) E. Topitsch, Köln 1965 (NWB 6), 477-86; ders., *History and Sociology*, in: ders. u. R. Hofstadter (Hg.), *Sociology and History Methods*, N. Y. 1968, 20-58, u. in: ders., *Revolution and Counterrevolution*, N. Y. 1970², 3-28 (dt. in: *Geschichte und Soziologie*, 132-56); E. N. Saveth (Hg.), *American History and the Social Sciences*, N. Y. 1964. Typisch ist L. Galambos, *Parsonian Sociology and Post-Progressive History*, in: *Social Science Quarterly* 50, 1969/70, 25-45. Vgl. noch S. H. Aronson, *Obstacles to a Rapprochement between History and Sociology: A Sociologists View*, in: M. u. C. W. Sherif (Hg.), *Interdisciplinary Relationship in the Social Sciences*, Chicago 1969, 292-304; D. Calhoun, *History and Theory*, ebda., 305-19; K. H. Wolff, *Sociology and History*, in: *AJS* 65, 1959, 32-38; E. K. Francis, *History and the Social Sciences*, in: *Review of Politics* 13, 1951, 354-74.

19 400 Jahre = vier Minuten, denn schon die ersten Worte eines freien Vortrags und ihre Wirkung können, wenn er nicht auf Band aufgenommen wurde, nur mehr historisch rekonstruiert werden. Vgl. ganz ähnlich Carr, a.a.O., 106, u. C. Lévi-Strauss, *L'anthropologie structurale*, Paris 1958, 17 (dt. *Strukturale Anthropologie*, Frankfurt 1971, 25): »Denn alles ist Geschichte; das was gestern gesagt worden ist, ist Geschichte, das, was vor einer Minute gesagt worden ist, ist Geschichte.«

20 W. Dilthey, *Der Aufbau der geschichtlichen Welt in den Geisteswissenschaften*, Hg. M. Riedel, Frankfurt 1970, 288 f. Der Historiker könnte auch praktisch ohne diese Zukunftsvorstellungen nicht auskommen, da z. B. ein Buch nicht an einem Tag (um »Gegenwart« so weit auszudehnen) geschrieben werden kann, folglich zumindest für ihn Klarheit darüber herrschen muß, ob seine Orientierungsmaßstäbe in Zukunft gültig bleiben.

21 Habermas, *Zur Logik*, 92.

22 Nach F. Braudel (*Histoire et sciences sociales: la longue durée*, in: *Annales* 13, 1958, 725-53,) auch in: ders., *Ecrits*, 41-83 (dt. in: *Geschichte und Soziologie,* 189-215); ders., *Histoire et Sociologie*, in: G. Gurvitch (Hg.), *Traité de Sociologie* I, Paris 1958, 83-98, auch in: *Ecrits*, 97-122; ders., *G. Gurvitch et la discontinuité du social*, in: *Annales* 1953, 347-61), P. Ariès (*Le temps de l'histoire*, Paris 1954). L. Krieger (*The Horizons of History*, in: *AHR* 63, 1957, 62-74) und Vorstellungen von R. Koselleck über die »Theorie der Temporalstrukturen«, die er mehrfach in Diskussionen entwickelt hat und die in das Lexikon der »Geschichtlichen Grundbegriffe« (I, Stuttgart 1972 ff.) eingehen werden; knapp ders., *Wozu noch Historie?*, in: *Historische Zeitschrift* (= *HZ*) 212, 1971, 1-18. Vgl. auch das verständnisvolle Plädoyer von S. H. Beer, *Political Science and History*, in: M. Richter (Hg.), *Essays in Theory and History*, Cambridge/Mass. 1970, 41-73, vor allem 60-63. Auch im Hinblick auf die Zeit kann die Geschichtswissenschaft noch nicht, wie F. Mauro gemeint hat (nach R. Davis, *History and the Social Sciences*, Leicester 1965, 3), »die Projektion der Sozialwissenschaften in die Vergangenheit« sein.

23 Vorzügliche Kritik daran und an einer wichtigen Schule der französischen Geschichtswissenschaft überhaupt findet sich in: D. Groh, *Strukturgeschichte als ›totale‹ Geschichte?*, in: *Vierteljahresschrift für Sozial- und Wirtschaftsgeschichte* 58, 1971, 289-322.

24 Dies gehört also in Hintzes Worten (*HZ* 143, 1931, 525) zu den »heuristischen Prinzipien«, den »Orientierungshilfen für die Forschung und Maßstäben für das wissenschaftliche Urteil«.

25 E. Bloch, *Erbschaft dieser Zeit*, Frankfurt 1962, 104 ff.

26 Vgl. Beer, 60-63; A. Briggs, *Sociology and History*, in: A. R. Welford u. a. (Hg.), *Society*, London 1968², 91-98 (dt. in: *Geschichte und Soziologie*, 243-50); ders., *Geschichte und Gesellschaft*, in: N. McKenzie (Hg.), *Führer durch die Sozialwissenschaften*, München 1969, 48-68. Wie die Psychoanalyse (vgl. Anm. 33) kann die Geschichtswissenschaft jedenfalls eine rationale Analyse und damit – zumindest implizit – eine gewisse Handlungsanweisung anbieten. Dies Angebot kann akzeptiert oder abgelehnt werden. Vgl. dazu J. Habermas, *Erkenntnis und Interesse*, Frankfurt am Main 1968, 262-364.

27 Am besten dazu m. E. das Buch von K. Polanyi, *The Great Transformation* (1944), Boston 1968[9].

28 Hierzu einleuchtend: Tilly, a.a.O., passim, 450-66. Vgl. allg. hierzu u. zum folgenden J. Kocka. *Zu einigen sozialen Funktionen der Geschichtswissenschaft*, in: *Neue Sammlung*, 6, Sonderheft 1972, 12-17.

29 Das erklärt auch z. T. die Schwerpunktbildung bei den internationalen studentischen Unruhen.

30 Man lese nur einmal H. Blalock, *Theory Construction*, Englewood Cliffs 1969; ders., *Causal Inferences in Non-Experimental Research*, Chapel Hill 1964; E. Borgatta (Hg.), *Sociological Methodology*, San Francisco 1969; A. Stinchcombe, *Constructing Social Theories*, N. Y. 1968, u. J. Habermas u. N. Luhmann, *Theorie der Gesellschaft oder Sozialtechnologie?, Was leistet die Systemforschung?*, Frankfurt 1971. Auf den Höhen der Luhmannschen Abstraktionsebene (weitere Lit. von ihm ebda.) hat sich historische Realität weithin verflüchtigt. Vgl. allg. die Kritik von H. Stretton, *The Political Sciences*, London 1969; H. Lüthy, *Die Mathematisierung der Sozialwissenschaften*, Zürich 1970 (auch in: *Geschichte und Ökonomie*, 230-41); L. Stone, *Theories of Revolution*, in: *World Politics* 18, 1966, 160-76; H. J. Perkin, *Social History*, in: H. P. R. Finberg (Hg.), *Approaches to History*, London 1969[2], 51-82; auch: F. Stern (Hg.), *The Varieties of History*, N. Y. 1972, 430-55. A. M. Schlesinger, *The Humanist Looks at Empirical Social Research*, in: *American Sociological Review* (= *ASR*) 27, 1962, 768-71 (auch in: Saveth [Hg.], a.a.O., 531-36); dazu der Kommentar von Hauser u. Homans, ebda., 28, 1963, 97-100.

31 Vor Jahren habe ich in Kalifornien eine sehr kostspielige Erhebung miterlebt, die mit komplizierten Methoden der Quantifizierung arbeitete und dann u. a. ergab, daß blonde Mädchen auch in »Suburbia« begehrter als andersfarbige seien. Vgl. zum Quantifizierungsproblem: E. Shorter, *The Historian and the Computer*, Englewood Cliffs 1971; D. K. Rowney u. J. Q. Graham (Hg.), *Quantitative History*, Homewood 1969; W. O. Aydelotte, *Quantification in History*, in: *AHR* 71, 1966, 803-25; auch in: ders., *Quantification in History*, in: *Reading* 1971, 39-65, u. in: Rowney/Graham, a.a.O., 3-22 (dt. in: *Geschichte und Soziologie*, 259-82); R. P. Swierenga (Hg.), *Quantification in American History*, N. Y. 1970; J. R. Price, *Recent Quantitative Work in History*, in: *History and Theory* (= *HT*), Beih. 9. 1969, 1-13; ders. u. V. Lorwin (Hg.), *The Dimensions of the Past*, New Haven 1972; A. Bogue, *New Political History*, in: *JCH* 3, 1968, 5-27, u. in: Rowney/Graham, a.a.O., 109-26; S. Thernstrom, *Quantitative Methods in History*, in: Lipset/Hofstadter, a.a.O., 59-78; J. Hexter, *History, the Social Sciences, and Quantification*, Moskau 1970, u. in ders., *Doing History*, Bloomington 1971, 107-34; F. Dovring, *History as a Social Science*, Den Haag 1960; J. J. Sheehan, *Quantification in the Study of Modern German Social and Political History*, in: Lorwin/Price, a.a.O., 301-31 (dt. in: P.-C. Ludz (Hg.), *Soziologie u. Sozialgeschichte*, Köln 1973, 584-614); J. Marczewski, *Introduction à l'histoire quantitative*, Genf 1965; ders., *Quantitative History*, in: *JCH* 3, 1968, 179-91 (dt. in: *Geschichte und Ökonomie*, 163-73); ders., *Histoire Quantitative de l'Economie française*, I, Paris 1961. Kritik daran: P. Chaunu, *L'histoire sérielle. Bilan et perspectives*, in: *Revue Historique* (=

RH) 244. 1970, 297-320; ders., *Histoire quantitative et histoire sérielle*, in: *Cahiers V. Pareto* 3, 1964, 165-75; P. Vilar, *Pour une meilleur compréhension entre les économistes et historiens*, in: *RH* 233, 1965, 293-312 (dt. in: *Geschichte und Ökonomie*, 174-88); F. Furet, *L'histoire quantitative et la construction du fait historique*, in: *Annales* 26. 1971, 63-75; A. Soboul, *Descriptions et mesures en histoire sociale*, in: *L'Information Historique* 28, 1966/III, 104-9, u. in: *L'Histoire Sociale*, Paris 1967, 9-25; P. Lebrun, *Structure et Quantification*, in: C. Perelman (Hg.), *Raisonnement et demarches de l'historien*, Brüssel 1964, 29-51; *Quality and Quantity. European Journal of Methodology* 1. 1967 ff.; L. Gottschalk (Hg.), *Generalization in the Writing of History*, Chicago 1963; A. Riasanovsky u. R. Riznik (Hg.), *Generalization in History*, Philadelphia 1963, auch das ganz positivistische Buch von E. Tuma, *Economic History and the Social Sciences*, Berkeley 1971, 227-42, sowie die einschlägige Lit. in: *Geschichte und Ökonomie* (zur »Neuen Wirtschaftsgeschichte«) u. in: *Bevölkerungsgeschichte*, (Hg.) W. Köllmann u. P. Marschalck, Köln 1972 (NWB 54), zur Historischen Demographie.

32 Dazu vgl. wieder eingehender Tilly, a.a.O., 437 f.

33 Habermas, *Zur Logik*, 29; vgl. *Hermeneutik und Ideologiekritik*, Frankfurt 1971; H.-U. Wehler, *Zum Verhältnis von Geschichtswissenschaft und Psychoanalyse* in: *HZ* 208, 1969, 529-54, erweitert in: ders. (Hg.), *Geschichte und Psychoanalyse*, Köln 1971 (Berlin 1973²), 9-30, dort die Lit. zum Historismus- u. Hermeneutikproblem. Von H. Albert (z. B. *Theorie, Verstehen und Geschichte*, in: *Zeitschrift für Allgemeine Wissenschaftstheorie* 1, 1970, 3-23) wird diese Problematik viel zu eng diskutiert, die Zeitfrage gar nicht. Vgl. auch K.-D. Opp, *Methodologie der Sozialwissenschaften*, Reinbek 1970, dagegen aber M. Heirich, *The Use of Time in the Study of Social Change*, in: *ASR* 29. 1964, 386-97. – Andererseits schreiben auch Historiker unbefangen über Soziologie, obwohl sie allem Anschein nach weder über Soziologie noch über wichtige Theorieprobleme informiert sind. Besonders ungeniert: K. Bosl, *Der »soziologische Aspekt« in der Geschichte*, in: *HZ* 201. 1965, 613-30; ders., *Geschichte und Soziologie*, in: ders., *Frühformen der Gesellschaft im mittelalterlichen Europa*, München 1964, 472-93; bei F. Wagner (*Begegnungen von Geschichte und Soziologie bei der Deutung der Gegenwart*, in: *HZ* 192, 1961, 607-24) kommt Soziologie nur im Titel vor; enttäuschend auch H. Trevor-Roper, *The Past and the Present, History and Sociology*, in: Past & Present 42, 1969, 3-17.

34 Vgl. B. Halpern, *History, Sociology, and Contemporary Area Studies*, in: *AJS* 43, 1957, 2 f. Vgl. dagegen R. Wittram, *Das Interesse an der Geschichte*, Göttingen 1968³; ders., *Anspruch und Fragwürdigkeit der Geschichte*, ebda. 1969.

35 T. S. Kuhn, *Die Struktur wissenschaftlicher Revolutionen*, Frankfurt 1967, vgl. D. H. Fischer, *Historian's Fallacies*, N. Y. 1970.

36 Vgl. Nisbet, *History*, 97, 99-104; T. C. Cochran, The *Historian's Use of Social Role*, in: Gottschalk (Hg.), a.a.O., 103-10 (dt. in: *Geschichte und Soziologie*, 251-58); ders., *The Inner Revolution. The Social Sciences in History*, N. Y. 1964; auch F. Fürstenberg, »*Sozialstruktur« als Schlüssel-*

begriff der Gesellschaftsanalyse, in: *KZS* 18, 1966, 439-53; G. Gurvitch, *Le concept de structure sociale,* in: *Cahiers Internationaux de Sociologie* 19, 1955, 3-44; R. Mousnier, *Le concept de classe sociale et l'histoire,* in: *Revue d'histoire économique et sociale* 48, 1970, 449-59; J. Mészáros (Hg.), *Aspects of History and Class Consciousness,* London 1971 (dt. München 1972), sowie die psychoanalytisch-historischen Studien zit. in Wehler, *Geschichte und Psychoanalyse,* bzw. ders. (Hg.), *Soziologie und Psychoanalyse,* Stuttgart 1972, 169-73.

37 Vgl. Habermas, *Zur Logik,* a.a.O., 100.

38 *MEW* 8, 115, ähnlich 3, 38, 27, 452. Vorzüglich hierzu u. zum folgenden: J. Kocka, *Sozial- und Wirtschaftsgeschichte,* in: *Sowjetsystem und Demokratische Gesellschaft,* V, Freiburg 1972, 1-39 z. T. in: *Geschichte und Soziologie,* 305-30.

39 Vgl. *MEW* 23, 15; M. Weber, *Ges. Politische Schriften,* Tübingen 1958[2], 60, 320. Vgl. W. D. Narr, *Systemzwang als neue Kategorie in Wissenschaft und Politik,* in: C. Koch u. D. Senghaas (Hg.), *Texte zur Technokratiediskussion,* Frankfurt 1970, 218-45.

40 Vgl. hierzu D. Landes u. C. Tilly (Hg.), *History as Social Science,* Englewood Cliffs 1971; *Research in Economic and Social History,* London 1971; Lipset/Hofstadter, a.a.O., M. Richter (Hg.), *Essays in Theory and History,* Cambridge/Mass. 1970; S. P. Hays, *New Possibilities for American History,* in: Lipset/Hofstadter, a.a.O., 181-227; ders., *A Systematic Social History,* in: G. A. Billias u. G. N. Grob (Hg.), *American History,* Glencoe 1971, 315-66; N. Smelser, *Sociological History,* in: *Journal of Social History* 1, 1967/68, 17-35, auch in: ders., *Essays in Sociological Explanation,* Englewood Cliffs 1968, 76-91; W. J. Mommsen, *Die Geschichtswissenschaft jenseits des Historismus,* Düsseldorf 1971, 27-46.

41 Vgl. die Habermas'sche Trias von Herrschaft, Arbeit, Sprache.

42 Im allgemeinen hat die französische Sozialgeschichte Marx viel unbefangener und intensiver rezipiert als die deutsche. Vgl. einmal Braudel, P. Vilar (*Marxisme et histoire dans le développement des sciences humaines,* in: *Studi Storici* 5, 1959/60, 1008-43 (z. T. dt. in: *Geschichte und Ökonomie,* 286 bis 303) u. J. Bouvier, *Histoire économique et histoire sociale,* Genf 1968, 25-34 (dt. ebda. 375-84) mit Brunner und Conze, die Marx nicht aufnehmen. Die Gründe dafür, die bis heute in den unterschiedlichen Traditionen der »politischen Kultur«, des Bildungswesens usw. zu finden sind, ließen sich leicht aufzählen. Auch in England und Nordamerika war der Marxsche Einfluß in Geschichte, Soziologie und Ökonomie bis vor kurzem vergleichsweise begrenzter. Vgl. jetzt aber: Moore; Mills; Hobsbawm; C. Hill, *The Century of Revolution,* 1603-1714, N. Y. 1966; ders., *Reformation to Industrial Revolution,* 1530-1780, Baltimore 1969; M. Dobb, *Entwicklung des Kapitalismus,* Köln 1970; ders., *Political Economy and Capitalism,* London 1968; R. Meek, *Economics and Ideology,* London 1967 (dt. *Ökonomie und Ideologie,* Frankfurt 1973); ders., *Studies in the Labor Theory of Value,* London 1956, 1973[2]; S. Pollard, *Economic History,* in: Past & Present 30, 1965, 3-22; W. A. Williams, *The Contours of American History,* N. Y. 1961; ders., *The Roots of the Modern American Empire,* N. Y. 1969; E. Genovese, *The Political Economy of Slavery,* N. Y. 1967. Hierzu auch

das Eingeständnis von John Hicks in seiner letzten Schrift (*A Theory of Economic History*, Oxford 1969, 3): »Da es so wenig Alternativen gibt, ist es nicht überraschend«, daß man auf Marx zurückgreife. »Es bleibt dennoch ein außergewöhnlicher Umstand, daß 100 Jahre nach dem ›Kapital‹ – ein Jahrhundert, in dem es eine enorme Entwicklung der Sozialwissenschaften gegeben hat – so wenig anderes aufgetaucht ist.«

43 Zur inhaltlichen Bestimmung sozialen Wandels vgl. einen der wenigen historisch fundierten, wenn auch manchmal zu mechanistischen Ansätze bei N. Elias, *Über den Prozeß der Zivilisation*, I, Bern 1969², VII-LXX (Einl. zur 2. Aufl.) mit Smelser (*Social Change*), dessen systemtheoretischer Ansatz doch sehr schematisch wirkt. Vgl. noch Dreitzel (Hg.), *Sozialer Wandel*; W. Zapf (Hg.), *Theorien des sozialen Wandels*, Köln 1969 (NWB 31).

44 Vgl. die eingehende Kritik von Groh.

45 Vgl. z. B. C. Johnson (*Revolutionstheorie*, Köln 1971), der sie explizit zur vorbeugenden Systemstabilisierung einsetzen will. S. auch F. Naschold, *Systemsteuerung*, Stuttgart 1969.

46 Vgl. Habermas' Kritik an Luhmann; J. Bergmann, *Die Theorie des sozialen Systems von T. Parsons*, Frankfurt 1967; ders. u. a., *Herrschaft, Klassenverhältnis und Schichtung*, in: *Spätkapitalismus oder Industriegesellschaft?*, Hg. T. W. Adorno, Stuttgart 1969, 67-87; W.-D. Narr, *Theoriebegriffe und Systemtheorie*, Stuttgart 1969; M. Mauke, *Die Klassentheorie von Marx und Engels*, Hg. K. Meschkat u. a., Frankfurt 1970; E. Wiehn, *Theorien der sozialen Schichtung*, München 1968; S. Ossowski, *Die Klassenstruktur im sozialen Bewußtsein*, Neuwied 1962; R. Dahrendorf, *Soziale Klassen und Klassenkonflikt in der industriellen Gesellschaft*, Stuttgart 1957, überarb. als: *Class and Class Conflict in Industrial Society*, Stanford 1959; R. Heberle, *Recovery of Class Theory*, in: *The Pacific Sociological Review* 2, 1959, 18-24; ders., *Hauptprobleme der Politischen Soziologie*, Stuttgart 1967, 102-19; T. B. Bottomore, *Classes in Modern Society*, N. Y. 1966, dt. München 1968; ders., *Sociological Theory and the Study of Social Conflict*, in: McKinney/Tiryakian, 138-153; L. A. Coser, *Theorie sozialer Konflikte*, Neuwied 1965.

47 *MEW* 27, 409 (25. 8. 1842); 19, 112, (Nov. 1877); vgl. auch *MEW* 27, 457, wo Marx über »historische Gesetze« spricht, »die nur für eine bestimmte historische Entwicklung, für eine bestimmte Entwicklung der Produktivkräfte gelten«. Sehr anregend hierzu: J. Kocka, *K. Marx und M. Weber*, in: *Zeitschrift für die Gesamte Staatswissenschaft* 122, 1966, 328-57, überarb. in: *Geschichte und Ökonomie*, 54-84. Vgl. auch Vilar, *Marxisme;* J. Hexter (*A New Framework for Social History*, in: ders., *Reappraisals in History*, N. Y. 1967⁴, 14-25) mag mit seiner Kritik den Vulgärmarxismus treffen, aber Marx' eigene Vorstellungen von historischer Theorie verfehlt er durchaus. Aufschlußreich ist auch Meek, *Economics,* a.a.O., 110, 112. Nichts zwingt eine historisch-kritische Sozialwissenschaft dazu, in toto alles hinzunehmen, was Marx je geschrieben hat, wie es einige Vertreter der »Neuen Linken« anzunehmen scheinen.

48 J. Habermas, *Analytische Wissenschaftstheorie und Dialektik*, in: *Festschrift für Th. W. Adorno*, Frankfurt 1963, 479 f. (jetzt auch in: *Zur Logik*, Frankfurt 1970², 9-39). Es scheint mir ein berechtigter Vorwurf zu sein, daß

die »Frankfurter Schule« gerade in diesem Sinn zu wenige historisch-empirische Studien vorzuweisen hat.

49 Vgl. Mills, *Kritik*; Topitsch, a.a.O., 128; Dreitzels Aufsätze.

50 Weber, *Objektivität*, a.a.O., passim; J. Berlin, *History and Theory*, in: *HT* 1, 1960, 1. Es ist sehr problematisch, ob man wie Schieder (*Unterschiede*) davon sprechen kann, die »Faktizität einer vollendeten Vergangenheit« bilde »eine unumstößliche Voraussetzung« für den Historiker; »nie« sei die »Geschichte selbst in ihren Daten und Fakten zu verändern«. Einmal erschließt sich diese schwer erkennbare Faktizität nur präzisen Theorien, sie bleibt dennoch oft vieldeutig und ist schließlich keineswegs so unbeirrbar fest gegeben. Was heißt »Faktizität« beim Abwägen der Mittelstandsproblematik im Hinblick auf den Aufstieg der NSDAP, der Leitsektorenfrage im Hinblick auf den Eisenbahnbau in der Industriellen Revolution usw.?

51 Hintze, a.a.O., 251. Vgl. W. H. Sewell, *M. Bloch and the Logic of Comparative History*, in: *HT* 6, 1967, 208-18. Typisch etwa für oberflächlichen Vergleich: B. Barber, *Social Stratification*, N. Y. 1957. Vgl. dagegen J. Vallier (Hg.), *Comparative Methods in Sociology*, Berkeley 1971.

52 Vermutlich wird hier der Vorwurf der berufsspezifischen Ideologie und des Fächerimperialismus nicht zu vermeiden sein. Die Frage ist nur, ob es schlüssige Argumente gegen die hier vertretene Position gibt.

53 Vgl. hierzu: Tilly, *Clio*; Clark; P. Laslett, *History and the Social Sciences*, in: *International Encyclopaedia of the Social Sciences* 6, 1968, 434-40; Hobsbawm, *Social History*, 26-29, 31 f.; W. Holt, *History and the Social Sciences Reconsidered*, in: *Kyklos* 8, 1955, 389-96; R. Challener u. M. Lee, *History and the Social Sciences*, in: *AHR* 61. 1956, 331-38; R. Hofstadter (*Geschichte und Sozialwissenschaft*, in: F. Stern (Hg.), *Geschichte und Geschichtsschreibung*, München 1966, 369-81) beschreibt mögliche Ergebnisse einer solchen Fusion. Zur notwendigen Verbindung von »hermeneutischen Methoden« mit »objektiven Strukturanalysen der empirischen Sozialwissenschaft« auch vorzüglich K.-O. Apel, *Szientistik, Hermeneutik, Ideologiekritik*, in: *Hermeneutik und Ideologiekritik*, 40-44, u. J. Kocka, *O. Hintze*, in: *Deutsche Historiker*, III, 41-64.

54 G. Lukács, *Geschichte und Klassenbewußtsein* (1923), Neuwied 1970³, 279.

Geschichte und Ökonomie

Die »allgemeine Historisierung der Sozialwissenschaften« seit 1960, die vor allem auch Erfahrungen mit den Entwicklungsländern widerspiegelt, hat nach Meinung mancher Kenner hier und dort auch die westliche Ökonomie erfaßt. Während z. B. ihre Wachstumstheorien nach 1945 ursprünglich simplen Kochbuchrezepten gefolgt seien, so spottete Eric J. Hobsbawm (»Man nehme die folgenden Mengen an Zutaten von A bis N, rühre und koche sie, und das Ergebnis ist der Take-off zum selbstgeregelten Wachstum«), habe sich inzwischen die Einsicht durchzusetzen begonnen, daß ohne Beschäftigung mit der Sozialstruktur und ihren Wandlungen allenfalls triviale ökonomistische Entwicklungsmodelle entstünden.[1] Das dürfte zwar noch immer ein optimistisches Urteil sein, aber die Tage der »oeconomia pura« scheinen in der Tat in demselben Maße gezählt zu sein, in dem sich eine die historische Dimension berücksichtigende sozialökonomische Betrachtungsweise Bahn bricht. Die Konstellation dafür ist günstig: Der Anschauungsunterricht, den die Transformationsprozesse in der Dritten Welt geben, wirkt ebenso in diese Richtung wie die Renaissance des wissenschaftlichen Neomarxismus und das Ergebnis mancher fachinternen Debatte. Ob sich diese Tendenzen allerdings gegen starke Widerstände werden durchsetzen können, steht noch dahin.

Als ein paradoxer Zug dieser Entwicklung hat sich freilich schon jetzt herausgestellt, daß ungefähr zur gleichen Zeit, als historisch-soziale Momente einige Bereiche der Wirtschaftswissenschaften zu infiltrieren begannen, die Vertreter einer »Histoire quantitative« und die amerikanischen »Cliometriker«[2] rigoros die Wirtschaftsgeschichte über den Leisten der neoklassischen Theorie zu schlagen unter-

nahmen, und das bedeutete in der Regel eine Entscheidung
für mathematisierende Methoden und gegen eine »qualitative« Sozialgeschichte. Dieser machtvoll vorangetriebene
Vorstoß hat, trotz einiger unleugbarer Vorteile, fatal hem-
mende Konsequenzen, die jedoch inzwischen auch mehreren
Bannerträgern dieses Kreuzzugs bewußt geworden sind.
Darauf wird noch einzugehen sein. Jedenfalls steht das Verhältnis von Geschichte und Ökonomie erneut zur Debatte.
Für jede historisch-kritische Sozialwissenschaft gilt dies
auch deshalb als besonders dringlich, weil ein modischer
Ökonomismus ebenso wie traditionelle Vorbehalte vor
allem der deutschen Geschichtsschreibung zu korrigieren
sind.

Im folgenden geht es zunächst um eine Abgrenzung und
einen Rückblick. Hier soll nicht von Wirtschaft in einem
universalgeschichtlichen Sinn, sondern nur von der modernen Industriewirtschaft seit dem 18. Jahrhundert gesprochen werden; die Zeit zwischen Neolithikum und Industriel-
ler Revolution wird nicht Gegenstand der Erörterung sein;
sie ist lediglich eine Folie insofern, als »Wirtschaft« bis zu
dieser Zäsur der eigentlichen Moderne stets dem sozialen
Lebensprozeß untergeordnet, ein Bestandteil von ihr gewesen war. Das zeigen nicht nur zahlreiche Untersuchungen
der Kulturanthropologie bzw. Ethnosoziologie, sondern dieser sekundäre Stellenwert wird auch an der jahrhundertealt-
ten Geschichte des alteuropäischen »Ganzen Hauses« überaus deutlich.[3] Gegen eben diese Traditionen revoltierte die
seit dem 18. Jahrhundert entstehende liberale Marktwirtschaft, die sich vor allem in Großbritannien – dem
»Demiurg des bürgerlichen Kosmos«[4] – ausprägte und
sowohl auf dem Konkurrenzprinzip als auch auf Einzelun-
ternehmern als Trägern von Initiative, Risiko und Innovation beruhte. Sie verkörperte keineswegs das Resultat einer
unvermeidbaren »natürlichen« Entwicklung, sondern bildete ein extremes Kunstprodukt. Tendenziell beanspruchte

sie den Primat gegenüber Sozial-, Werte- und Politiksystem; schrittweise versuchte sie auch, ihn gegenüber diesen vermeintlichen Anhängseln der Marktwirtschaft durchzusetzen. Die neu entstehende Ordnung wurde darüber hinaus im Banne des Newtonschen Gesetzesbegriffs als Resultat unwiderstehlicher Naturgesetze sanktioniert: Den ehernen Marktgesetzen sollte sich in der »Wirtschaftsgesellschaft« alles beugen.

Wirtschaft ist aber immer ein sozialer Interaktionsprozeß. »Die Ökonomie handelt nicht von Dingen«, schrieb Friedrich Engels 1857, »sondern von Verhältnissen zwischen Personen«, und kurz vorher hatte Marx darauf insistiert, daß die Ökonomie von der Bevölkerung, »die die Grundlage und das Subjekt des ganzen gesellschaftlichen Produktionsakts ist«, auszugehen habe.⁵ Daher entschieden soziale Kriterien darüber, daß Menschen und Produktivkräfte in einer Produktionsweise verbunden wurden, die den historischen Sonderfall des okzidentalen Industriekapitalismus entstehen ließ. Soziale Strukturen, soziale Werte und soziale Verhaltensnormen ermöglichten es, daß die moderne Technologie und Fabrikproduktion sich durchsetzen konnten. Den fundamentalen technischen Fortschritten – der Ersetzung menschlicher Geschicklichkeit und Kraft durch mechanisch-maschinelle, der Verbesserung der Materialbearbeitung durch Maschinenwerkzeuge usw. – wohnte nur eine latent revolutionäre Wirkung inne, die erst unter bestimmten gesellschaftlichen Konstellationen freigesetzt wurde. Diese aber bestimmten darüber, ob Herrschaft im Betrieb imitiert werden und kraft staatlicher Privilegierung meist unaufgeklärten Absolutismus praktizieren durfte; ob Unternehmen zum Ort rein ökonomischen Erwerbsstrebens werden konnten; ob die Bereitschaft vorhanden war und sich hielt, empirische oder wissenschaftliche, technische oder organisatorische Innovationen in die Unternehmen einzuführen; wie die Industriearbeiterschaft rekrutiert und für die neuartigen industriellen Arbeitsmethoden diszipliniert wurde. Gerade dieser entscheidende Vorgang, nämlich einen Stamm geübter Arbeitskräfte zu schaffen, aber auch die Ausdehnung des inneren und äußeren Marktes sowie die Förderung der Kapitalakkumulation ist nirgendwo ohne die Hilfe des Staates — als eines Teiles der Sozialstruktur — vonstatten gegangen.

Infolgedessen haben — unbeschadet der Heterogenität der Zwecke[6] — exakt bestimmbare soziale Gruppen einschließlich staatlicher Instanzen die Bedingungen mitgeschaffen, unter denen eine optimale Entfaltung des Kapitalismus, jedenfalls so wie diese Akteure ihre Interessen definierten und die Realität verstanden, möglich erschien. Dazu gehörte in erster Linie, daß die Vorstellung von einem sich selbst regulierenden Markt — ein »Allzusammenhang aller Waren und Leistungen«[7] als Imitation des Universums der neuen Physik — gegen gewichtige Widerstände verwirklicht wurde. Derartige Märkte mußten für Güter und Geld, Boden und Menschen rechtlich durchgesetzt und dauerhaft institutionalisiert werden. Damit erst wurden die entscheidenden Produktionsfaktoren als kaufbare Ware verfügbar.

Dieses Ziel einer selbstgeregelten Marktgesellschaft enthielt eine Zumutung, deren Einlösung die humane und natürliche Substanz der Gesellschaft rasch verschliß oder zerstörte; und da es gegen alle Traditionen bisherigen Zusammenlebens und Wirtschaftens verwirklicht werden mußte, erwies es sich von Anfang an als unvermeidlich, staatliche Unterstützung zu mobilisieren, um die Marktwirtschaft zu schaffen und sodann in Gang zu halten.

Dieser säkulare Umbruch kam den Zeitgenossen zu Bewußtsein in Gestalt der Politischen Ökonomie, des umstrittenen »Kind[es] des 18. Jahrhunderts«.[8] Sie versuchte, die neue Realität sowohl mitzugestalten als auch auf den Begriff zu bringen. Aber das zentrale Selbstregulierungsprinzip, das ihrer ökonomischen Bewegungsphysik des

Marktes zugrunde lag, hielt selbst Adam Smith für so dunkel, daß er von der »invisible hand« sprach, die letztlich alles zum Besten ordne. Politische Macht und Herrschaftsinteressen blieben, wenn die neuen »ökonomischen Gesetze« zu »ewigen Naturgesetzen« stilisiert wurden[9], weithin ausgeblendet, obwohl sie doch immer präsent, vor aller Augen in Aktion und wirksam waren, um die Märkte für Menschen, Waren und Gelder zu erhalten und weiter auszudehnen.

Ricardo hatte Malthus gegenüber noch darauf bestanden, die Politische Ökonomie nicht als »Untersuchung der Natur und Ursachen des Reichtums«, sondern vielmehr derjenigen »Gesetze« zu verstehen, »die die Verteilung der Produktion unter den Klassen bestimmen, die an der Erzeugung beteiligt sind«.[10] Damit zielte er auf eine Analyse sozialer Mechanismen der Distribution und Machtverteilung; aber der Produktionsfanatismus setzte sich fortan in der neuen Wirtschaftslehre ganz durch; er drängte die Verteilungsproblematik für anderthalb Jahrhunderte an den Rand, ehe Kriterien der Marxschen Theorie und der Wohlfahrtsökonomie stärker berücksichtigt wurden.

Zunächst gab es – in historischer Perspektive – erklärbare Gründe für den Vorrang der Produktionsfragen, da die industrielle Dynamik erst entfesselt werden mußte. Aber diese einseitige Schwerpunktbildung hatte zur Folge, daß die Bedürfnisse und Interessen der Produktionsmittelbesitzer im Mittelpunkt standen, daß das Gemeinwohl – immer auch ein Distributionsproblem – politischen Eingriffen entzogen und der Marktautomatik ausgeliefert wurde. Nicht nur setzten die Vertreter der liberalen Politischen Ökonomie weithin die Auffassung durch, daß die Marktwirtschaft, sofern sie sich nur ungehemmt entfalten könne, ihren eigenen wohltätigen Gesetzen folge: die Menschen, vor allem die Arbeiter sollten sich damit abfinden, »ohnmächtiges Objekt der gespenstischen Eigenbewegungen des Marktes« zu bleiben, sondern mit fortschreitender institutioneller Verankerung dieses Systems schien die arbeitsteilige Marktwirtschaft tatsächlich »eine Art von zweiter Natur mit eigenen Bewegungsgesetzen« hervorzubringen, die die selbstgeregelte ständige Reproduktion gewährleisteten. Deshalb vermochte die Ökonomie »den Charakter einer naturwissenschaftlichen Disziplin« anzunehmen, und auf der relativen Verselbständigung dieses Wirtschaftssystems, das nun seit langem institutionalisiert ist und in Sozialisationsprozessen eingeübt wird, beruht bis heute der Geltungsanspruch der mathematisierten Wirtschaftswissenschaft.[11] Dieses von Menschen geschaffene Ordnungsgefüge, ihre »eigene Tat«, trat ihnen »als fremdes Wesen, als eine von den Produzenten unabhängige Macht« gegenüber. In dem »Sichfestsetzen der sozialen Tätigkeit«, in der »Konsolidation unseres eigenen Produkts zu einer sachlichen Gewalt über uns, die unserer Kontrolle entwächst, unsere Erwartungen durchkreuzt, unsere Berechnungen zunichte macht«, sah der junge Marx »eines der Hauptmomente in der bisherigen geschichtlichen Entwicklung«, einer Entwicklung allerdings, die eine konkrete Analyse als sehr jung erweisen konnte.[12]

Es bleibt ein erstaunliches Phänomen, wie schnell die Einsicht in diesen historischen Entstehungszusammenhang verlorenging. Realhistorisch beruhte dies wohl auf der ungeheuren Schubkraft, mit der die Industrialisierung durchbrach und die Diagnose ihrer Eigengesetzlichkeit allenthalben zu bestätigen schien. Daß es sich um einen von Individuen, Gruppen und Staatsbehörden geschaffenen Komplex von Institutionen und darin freigesetzten Energien handelte, daß diese rechtlich und politisch sanktionierten Regelungen keineswegs Steuerungseingriffen und damit der Veränderung auf ewig entzogen waren, wurde verdrängt, und ein ideologisierter Liberalismus verbarg hinter vermeintlichen Marktgesetzen konkrete Interessen an Gewinn und Herrschaft, an Privilegien und Disparitäten der Lebenschancen.[13]

Der Sieg des liberalen Konkurrenzkapitalismus währte im Grunde nur wenige Jahrzehnte, aber überall wurde er durch staatliche Intervention erst mit ermöglicht, und seine sozialen Kosten wurden bestimmten sozialen Schichten aufgebürdet. Den Preis dieses Sieges aber bildete, gerade auch für die Exponenten des Industriekapitalismus, die Ungleichmäßigkeit des Wachstums. Im unregelmäßigen Rhythmus der modernen wirschaftlichen Entwicklung mit ihrem ständigen Wechsel von Konjunktur und Krise, Depression und Aufschwung äußerte sich die »Ordnung« der »Gesamtbewegung dieser Unordnung«.[14] Damit sind zugleich drei Hauptfaktoren genannt, die aus dem liberalen Wettbewerbskapitalismus nach seiner Umwandlungsphase in den 1870/80er Jahren seit der Mitte der 1890er Jahre den Organisierten Kapitalismus des 20. Jahrhunderts machten: die Industriewirtschaft selber, deren immanente Entwicklungstendenzen ebenso wie ihre Führungsgruppen auf Organisation drängten; die industrielle Arbeiterschaft, die erst zum Überleben, dann zur Humanisierung der Arbeitswelt Organisation brauchte und auf bewußte Kontrolle der sozialanarchischen Dynamik der Marktwirtschaft hinwirkte; und der Staat, dem neue Steuerungsaufgaben durch diese Wirtschaftsform zur Erhaltung ihrer Funktionsfähigkeit aufgezwungen wurden und der sich deshalb in engster Verschränkung mit dem Organisierten Kapitalismus zum modernen Interventionsstaat entwickelte.[15] Unter welchen politischen Auspizien diese neuen Aufgaben wahrgenommen wurden, wirft dann die Frage nach der Alternative zwischen autoritärer Steuerung (sei sie bonapartistischer, faschistischer, bolschewistischer Natur) oder demokratisch legitimierter Kontrolle in der sozialstaatlichen Massendemokratie mit all ihren Varianten auf. In jedem Fall aber konnte sich der Staat, besonders seit 1914, angesichts der ungeheuren Dimension der Probleme einer mehr oder minder ausgeprägten Beeinflussung der Wachstumsprozesse und gesellschaftlichen Entwicklungen nicht mehr entziehen bzw. er beanspruchte sie sogar direkt, z. B. in Form der Zentralverwaltungswirtschaft. So diskreditierte die realhistorische Entwicklung, seitdem der Strukturwandel zum Organisierten Kapitalismus und Interventionsstaat eingesetzt hatte, die Ideologie der liberalen Marktwirtschaft.

Es bleibt das Verdienst der historischen Theorie von Marx und Engels, aber auch der Historischen Schulen der Nationalökonomie, daß sie den falschen Allgemeingültigkeitsanspruch der klassischen Theorie längst vorher aufgelöst hatten. Marx und Engels verstanden seit den 1840er Jahren ihre die vorherrschende liberale und vulgärliberale Volkswirtschaftslehre kritisierende Politische Ökonomie als »eine historische Wissenschaft«, denn »sie behandelt einen geschichtlichen, d. h. einen stets wechselnden Stoff«, sie könne »also nicht dieselbe sein für alle Länder und für alle geschichtlichen Epochen«. Wenngleich die Politische Ökonomie »im weitesten Sinne« die Wissenschaft »von den Gesetzen, welche die Produktion und den Austausch« beherrschen, darstellte, so handelte es sich doch stets um »historische, entstehende und verschwindende Gesetze«, die an bestimmte Gesellschaftsformationen und Produktionsweisen gebunden blieben. Folglich formulierte die Politische Ökonomie der liberalen Marktwirtschaft Regelmäßigkeiten, von denen keine »älter als die moderne bürgerliche Gesellschaft« war.[16] Diese Auffassung entsprach ganz ihrem Plädoyer für die Bildung historischer Theorien, und insofern läßt sich kein gröberes Mißverständnis denken als die bedenkenlose Aufblähung ihrer historischen Kategorien zu zeitlos gültiger, universeller Verbindlichkeit.[17] »Wir kennen nur eine einzige Wissenschaft, die Wissenschaft von der Geschichte«, hatte es schon in der *Deutschen Ideologie* geheißen, deshalb haben »Abstraktionen [...] für sich, getrennt von der wirklichen Geschichte, durchaus keinen Wert«.[18] »Die wahre Theorie muß innerhalb konkreter

Zustände und an bestehenden Verhältnissen klargemacht und entwickelt werden«, urteilte Marx, »selbst die abstraktesten Kategorien« bildeten »doch in der Bestimmtheit dieser Abstraktion selbst das Produkt historischer Verhältnisse« und besäßen »ihre Vollgültigkeit nur für und innerhalb dieser Verhältnisse«.[19] Seine Forderung nach einer »historischen, sozialen Wissenschaft« setzte sich scharf von jeder voreiligen Generalisierung ab. Wenn man »Entwicklungen für sich studiert und sie dann miteinander vergleicht«, schrieb er kurz vor seinem Tod, »wird man leicht den Schlüssel [...] finden, aber man wird niemals dahin gelangen mit dem Universalschlüssel einer allgemeinen geschichtsphilosophischen Theorie, deren größter Vorzug darin besteht, übergeschichtlich zu sein«.[20] Gewiß, Marx selber hat sich nicht immer an diesen Rat gehalten und die Grenze zu einer derart kritisierten »allgemeinen Theorie« manchmal in der Polemik oder politischen Agitation überschritten; aber seine wissenschaftlich dauerhafte Leistung besteht in einer historischen Theorie der okzidentalen Industrialisierung, und die Faszination, die davon ausgeht, beruht nicht zuletzt auf der weitgespannten, von enormen historischen Kenntnissen getragenen Analyse der Komplexität dieser Entwicklung.[21]

Dem zentralen Problem der Vorwärtsbewegung in der neuzeitlichen Geschichte, mit dem sich auch die Stadientheorien vor und nach Marx abquälten, suchte er mit einem dynamischen Modell zu begegnen, das keines Deus ex machina, von dem die Entwicklung auf die nächsthöhere Stufe gehoben wurde, bedurfte, vielmehr bemühte er sich, die endogene, strukturelle Bedingtheit dieser Entwicklungsprozesse zu erfassen. Dazu wurde seine Theorie des modernen sozialen Wandels als Klassenkonflikt verbunden mit einem Bündel von anderen Faktoren: mit der Kapitalbildung, der Veränderung der erweiterten Reproduktion und der organischen Zusammensetzung des Kapitals, dem Einsatz von Arbeitskräften und Investitionen – über die gemäß gesellschaftlichen Machtverhältnissen und Werten entschieden wurde –, der Produktivität, die von der Einführung von Innovationen und vom Kapitalzufluß abhing, und – last not least – dem institutionalisierten rechtlichen, ideellen, gesellschaftlichen Rahmen der Produktionsverhältnisse. Wie immer auch die Akzente gesetzt werden, potentiell handelte es sich um ein vieldimensionales Erklärungsmodell für Interaktionsprozesse von Gesellschaft und Wirtschaft, Herrschaft und Ideologie. Ob es Sinn hat, angesichts der dialektischen Verschränkung dieser Prozesse, der »Wechselwirkung aller dieser Momente«, mit Engels »in letzter Instanz« auf dem Primat der »ökonomischen Bewegung« – was immer das sein mag – als entscheidendem Agens der Geschichte zu beharren, wird man mit logischen und historischen Argumenten schwerlich bejahen können.[22]

Ähnlich wie diese beiden Verfechter eines Historischen Materialismus haben auch die Ältere Historische Schule (z. B. Roscher, Knies, Hildebrand) und die Jüngere Historische Schule der Nationalökonomie (z. B. Schmoller, Bücher, Sombart) dem historischen Element zu seinem Recht verholfen. Damit wurde die wirtschaftshistorische Forschung kraftvoll vorangetrieben, ja, es ist nicht zuviel behauptet, wenn man mit der Jüngeren Historischen Schule den Aufstieg der modernen Wirtschaftsgeschichte überhaupt verbindet – das gilt nicht nur für Deutschland, denn über W. J. Ashley und W. Cunningham wirkte sie stark auf Großbritannien, über zahlreiche amerikanische Doktoranden, die in Deutschland studierten, auf die Geschichtsschreibung der Vereinigten Staaten ein. So sehr man auch das induktive Prinzip der kumulativen Anhäufung von historischem Wissen, um aus diesen Mosaiksteinen schließlich eine neue Wirtschaftstheorie aufbauen zu können, bestreiten mag, so bedeuteten doch z. B. zahlreiche Studien der Schmoller-Schule einen Fortschritt, der stellenweise bis heute den Forschungsstand markiert; nicht zuletzt gilt das für einige bahnbrechende Arbeiten von Schmoller selber.[23]

Überwiegend wurde hier Wirtschaftsgeschichte als Geschichte der Institutionen – sozialer, rechtlicher, politischer Natur – verstanden, in denen sich die wirtschaftlichen Prozesse abspielten. Der neuzeitlichen Entwicklung suchten diese Schulen dadurch Rechnung zu tragen, daß sie mehr oder minder schematische Stufentheorien ausarbeiteten[24]; – es kann keine Rede davon sein, daß sie diesen zentralen Aspekt übersehen und einer ganz statischen Betrachtungsweise angehangen hätten. Die Erfahrungen ihrer Gegenwart und der dominierende Evolutionsgedanke verlangten, ganz abgesehen vom historisch-genetischen Prinzip, gebieterisch die Berücksichtigung dieser Motorik. Andererseits führte jedoch die Einbindung in die vorherrschende Institutionen- und Rechtsgeschichte zusammen mit dem stillen, aber wirksamen Einfluß der liberalen Gleichgewichtstheoreme zu einer deutlichen Vernachlässigung der dynamischen Wirtschaftsentwicklung selber.

Im Kreis der Jüngeren Historischen Schule arbeitete sich auch ein Wissenschaftler nach vorn, der dann trotz mancher Parallelen bewußt eine Gegenposition zu Marx aufgebaut hat: Max Weber. Natürlich ist sich der »bürgerliche Marx«[25] der vielfältigen Wirkungszusammenhänge von Wirtschaft und Stratifikation, Macht und Religion nicht nur bewußt gewesen, sondern er hat sie auch analysiert. Aber in starker Vereinfachung könnte man doch wohl sagen, daß er in seinen großen vergleichenden Studien dem Wert- und Normensystem eine gewisse Dominanz einzuräumen bereit war. »Interessen (materielle und ideelle) nicht Ideen, beherrschen unmittelbar das Handeln der Menschen«, so hat er das einmal formuliert, »aber die ›Weltbilder‹, die durch ›Ideen‹ geschaffen werden, haben sehr oft als Weichensteller die Bahnen bestimmt, in denen die Dynamik der Interessen das Handeln fortbewegte«.[26]

Angesichts der breiten Wirkung, mit der Weber – oftmals freilich arg positivistisch verkürzt – nach dem Zweiten Weltkrieg vor allem in den angelsächsischen Ländern zur Geltung gekommen ist, kann man von einer der Marx-Renaissance seit 1945 parallel laufenden Weber-Renaissance sprechen. Wenn Ideologiekritik auch wichtige Gründe dafür in der Abwehr stärker sozialökonomisch ausgerichteter, vor allem neomarxistischer Theorien aufdecken kann, so ist damit doch keineswegs das letzte Wort gesprochen. Es geht vielmehr um die Konkurrenz zweier vielfältig ausdeutbarer, aber unübersehbare Schwerpunkte besitzender Theorien und um die ihnen zugrunde liegenden Realitätsbegriffe. Das kann und soll hier nur kurz angedeutet werden, da von der für jede Beschäftigung mit Geschichte und Ökonomie fundamentalen Rivalität zwischen Marx und Weber anderswo ausführlicher die Rede ist.[27] Jedenfalls neigt die neokantianische Erkenntnistheorie, der auch Weber weithin gefolgt ist und zahlreiche Historiker jetzt noch anhängen, dazu, alle Vergangenheit als einen turbulenten Mahlstrom, als wirres »Chaos«, als »Sinnlosigkeit der unendlichen Flucht unendlicher Mannigfaltigkeit« (Weber) aufzufassen, in das der seinen Wertideen folgende Wissenschaftler erst Struktur hineinträgt. Extrem zugespitzt drückt Jsaiah Berlins Aphorismus, daß »Geschichte ist, was die Historiker tun«, dieses Geschichtsverständnis aus.[28] Marx blieb dagegen von dem Vertrauen und der Zuversicht bestimmt, daß der Wissenschaftler durch geduldige Apperzeption der Realität von der Oberfläche der Erscheinungen zum Wesen der Dinge vorstoßen könne.[29] Das stellt ihn in die Tradition der europäischen Metaphysik. Unabhängig vom erkennenden Subjekt, darauf wird man mit ihm bestehen müssen, besitzt die Vergangenheit erkennbare Strukturen. Diese sind oft gewissermaßen weich, nicht von vornherein zu harten Formen geronnen; sie ergeben sich auch gewiß nicht auf den ersten Blick aus der Sache selber, sie sind aber durch einen Plura-

lismus konkurrierender Analysen in den Prozessen der Forschung, Darstellung und Kritik erschließbar. Wird diese
Vorstellung nicht eingeräumt, dann entfällt ein entscheiden-
der Prüfstand für die Erklärungskraft jeder historischen
Theorie. Völlige Beliebigkeit, je nach der Vorentscheidung
durch verpflichtende Wertbezüge, sind dadurch in der Tat
ausgeschlossen. Der Interpretationspluralismus gilt nur
innerhalb rational festlegbarer Grenzen, und er ist keineswegs unendlich groß. Während einerseits der unleugbare
Irrationalismus, der in der Weberschen Wertentscheidung
steckt, aufgelöst werden muß, gilt es, das Marxsche Reali-
tätsverständnis mit der Perspektivität und Zeitgebundenheit
der erkenntnisleitenden Interessen zu verbinden. In diesem
Sinne kann man, wie Jürgen Kocka das vorschlägt, für eine
mögliche Versöhnung dieser Positionen, für gegenseitige
Korrekturen und notwendige Lernprozesse auf beiden Seiten plädieren.

In gewisser Hinsicht ist Max Weber einer der wortgewalti-
gen Verfechter des liberalen Konkurrenzkapitalismus gewesen[30], und das zu einer Zeit, als dieser – wie Weber selber
in seiner Theorie des Großunternehmens als allgemeinge-
sellschaftlichem Strukturprinzip diagnostizierte – vom Organisierten Kapitalismus abgelöst wurde. In der Mitte der
1890er Jahre hatte der Strukturwandel auch des deutschen
Industriekapitalismus einen Wendepunkt erreicht, so daß
Schumpeter von einer »Wasserscheide zwischen zwei Epochen in der Sozialgeschichte des Kapitalismus« sprechen
konnte.[31] Der Konzentrationsprozeß beschleunigte sich
auf der Ebene der Unternehmen, der branchenspezifischen
und regionalen Kartelle und Syndikate, der nationalen
Interessenverbände, des staatlichen Protektionssystems. Die
strategischen Wachstumsindustrien seit den 1890er Jahren –
Elektrotechnik, Großchemie, Motorenbau – wurden zu
Exponenten des Organisierten Kapitalismus, namentlich
seiner bürokratischen Tendenzen. Die Bedeutung des fixen

Kapitals stieg rapide an. Preisdeflation und Kostensenkung, Rationalisierungsmaßnahmen und Kostspieligkeit neuer technischer Verfahren begünstigten den Trend zur Organisation. Die Programmierung technologischer Innovationen in den Forschungsanstalten der Betriebe zielte auf die Kontrolle einer entscheidenden Produktivkraft, der wissenschaftlichen Technologie; überhaupt nahm das Ausmaß an privatwirtschaftlicher Kryptoplanung der Produktions- und Verteilungsprozesse zu. Das alles spielte sich auf der Grundlage eines ungleichmäßigen Wachstums ab, das man sich durch den Begriff der Konjunkturperiode von 1896 bis 1913 nicht verhüllen lassen darf, und nach 1918 setzte es sich ohnehin vor aller Augen weiter durch. Diese prinzipiellen Disparitäten und strukturellen Unregelmäßigkeiten der sozialökonomischen Prozesse bildeten einen der stärksten Antriebe für die Ausbildung des Organisierten Kapitalismus und den damit verschränkten Aufstieg des modernen Interventionsstaats, der sich in Deutschland weithin – wenn auch nicht ausschließlich – unter den Bedingungen einer Klassengesellschaft vollzog. Zu wessen Gunsten interveniert wurde, wem die sozialen Kosten aufgebürdet wurden, war auch für die Zeitgenossen erkennbar. Die Theoreme der liberalen Marktwirtschaft und -gesellschaft wurden endgültig zur Ideologie, die Herrschaftsinteressen, soziale und ökonomische Privilegien verdeckte.[32]

In vielfacher Hinsicht wurden durch diese Entwicklung analytische Prognosen von Marx bestätigt. Seine Theorien hätten sich bei unbefangener Prüfung für eine sozialökonomisch interessierte Geschichtswissenschaft als überaus nützlich erweisen können, und eine Rezeption seiner Überlegungen hätte daher nahegelegen. Das ist freilich im Hinblick auf Deutschland eine ganz und gar abstrakte Erwägung, denn gesellschaftliche Machtkonstellationen schlossen ebenso wie politische Konflikte und bürgerliche Bildungstradition einen derartigen Schritt hier so gut wie aus. Es wäre zwar völlig irreführend, bei dem Leipziger Historiker Karl Lamprecht marxistische Neigungen zu suchen, aber als er auf einer stärkeren Berücksichtigung der materiellen Kultur insistierte und dadurch sogleich in Gegensatz zum dogmatischen Prinzip der Politikgeschichte, das damals die deutsche Geschichtsschreibung beherrschte, geriet, symbolisierte der in den 1890er Jahren entbrennende »Methodenstreit« auch die massive Frontstellung gegenüber dem Marxismus – oder was man dafür hielt.[33] Selbst einem derart staatskonservativen Mitarbeiter Schmollers wie Otto Hintze wurde »Karl Marx und die Geschichtsauffassung des Sozialismus« als Thema seiner Antrittsvorlesung rundweg abgeschlagen. Wenn in der erbitterten Polemik dieser Jahre die »materialistische Theorie« das Angriffsziel bildete, dann stellte dieser Begriff meist einen Ausdruck der Furcht dar, es könnten marxistische Ideen in die Arcana der akademischen Historikerzunft eindringen. Deshalb gewann der Konflikt um Lamprecht, der von der Zunft schnell zum »outcast« gestempelt wurde, eine symptomatische, aber langfristig folgenreiche Bedeutung. Im Fachorgan, der *Historischen Zeitschrift*, durfte ein erzreaktionärer Konservativer, Georg von Below, der hier die tief erregte Spitzenoligarchie der deutschen Historiker repräsentierte, Lamprecht mit dem Vorwurf, er vertrete eine materialistische Theorie, sozusagen den pseudowissenschaftlichen Fangstoß geben. Wenn sich seit den 1880er Jahren an einigen deutschen Hochschulen Ansätze zu einer Sozial- und Wirtschaftsgeschichte der Moderne gezeigt hatten, wobei freilich der Vorrang der Jüngeren Historischen Schule der Nationalökonomie unübersehbar ist, dann hat der Ausgang des Lamprecht-Streits – eine grelle Warnung für jeden Unorthodoxen – diese ohnehin mühselige Entwicklung aufs Ganze gesehen unterbrochen. Die Auseinandersetzung erreichte eine Intensität, die überlieferte Abwehrhaltungen zusammenschmolz, so daß sie nach der Abkühlung um so kompakter und härter fortbestanden. Zugleich wurde die Bindung an die nationalpolitische Thematik bekräftigt, obwohl diese längst nicht mehr genügte. Um 1900 hatten die Erbpächter der wahren Historie Lamprecht in enge Schranken verwiesen.

Da bald auch der Einfluß der Jüngeren Historischen Schule der Nationalökonomie nachzulassen begann, konvergierten zwei nachteilige Tendenzen. Die deutsche Wirtschafts- und Sozialgeschichte rückte, wo sie nicht ganz in eine Nische der Staats- und Wirtschaftswissenschaftlichen Fakultäten abwandern mußte, an den Rand der Philosophischen Fakultäten. Jahrzentelang wurde die Entwicklung der modernen industriellen Welt, des liberalen und organisierten Kapitalismus mit seinen gesellschaftlichen Problemen nurmehr ausnahmsweise (z. B. von Sombart) verfolgt. Die verbreitete Feindschaft gegenüber expliziter Theoriebildung, die Scheu vor der Beschäftigung mit dem Kapitalismus und seiner Gesellschaft, die beide eine klare Bewertung unvermeidbar erscheinen ließen, besonders aber die Ablehnung sozialökonomischer Theorien mit kritischer Intention, haben, zusammen mit einflußreichen Traditionsbeständen der Bildungsund Wissenschaftsgeschichte, dazu geführt, daß zwischen 1900 und 1945 nur eine erstaunlich geringe Anzahl von Monographien und Aufsätzen zur modernen Wirtschaftsgeschichte in Deutschland erschienen ist.[34] Nicht nur wurde der Rückzug in die mittelalterliche und frühneuzeitliche Geschichte zur Kehrseite dieser Entwicklung, sondern Wirtschaftstheorie und Wirtschaftsgeschichte, die Männer wie Schmoller, Weber, Sombart auf ihre Art noch zu verbinden gewußt hatten, traten zunehmend auseinander.

Das blieb zunächst auch die Signatur der Entwicklung in der Bundesrepublik nach 1949. Zwar forderte auf der einen Seite ein brillanter Agrarhistoriker wie Wilhelm Abel, der dem selbstgestellten Anspruch auch gerecht wurde, die Bearbeitung von Themen, »die Theorie und Geschichte wieder zusammenzwingen«.[35] Und auf der anderen Seite plädierte vereinzelt ein Ökonom wie Walther Hoffmann für die Beachtung der Wirtschaftsgeschichte als »Erfahrungsbasis« wirtschaftswissenschaftlicher Theorien, als »Verifikationsfeld speziell von theoretischen Lehrsätzen«.[36] Aber man brauchte nicht einmal beide Hände, um in den 50er und 60er Jahren diejenigen Historiker und Ökonomen (z. B. Knut Borchardt, Wolfram Fischer und Peter Czada, Werner Hofmann, Helmut Hesse und Franz Grumbach) zu zählen, die diese Synthese als Ziel ihrer Praxis anerkannten.[37] Insgesamt behielt Emil Lederers Mahnung aus der Zeit nach dem Ersten Weltkrieg für die Historiker durchaus ihre Gültigkeit: »Keine wirtschaftsgeschichtliche Darstellung ist möglich ohne den Gebrauch theoretischer Begriffe. Wie kann ich Tatsachen beschreiben, ohne sie zu ordnen, und wie kann ich sie ordnen, wenn ich nicht über Gesichtspunkte verfüge, die mir eine Ordnung erst ermöglichen? Wie viele wirtschaftsgeschichtliche Arbeit ist nutzlos vertan worden, weil sie nicht auf der soliden Grundlage einer brauchbaren Systematik ruhte.«[38] Und wie viele ökonomische Studien entschwebten, so wird man hinzufügen müssen, in abstrakte Höhen, wo eine Rückbindung in den konkreten historisch-gesellschaftlichen Kontext unmöglich wurde oder zum Scheitern dieser Theoriegebäude führen mußte! Das »Elend« dieser Nationalökonomie (W. Hofmann) beruhte fraglos auf ihrem ahistorischen Charakter.

Der große Anstoß zu einer neuen Diskussion über das Verhältnis von Geschichte und Ökonomie kam daher, trotz der erwähnten Ausnahmen, nicht von deutschen Sozialwissenschaftlern, auch zunächst nicht vom westeuropäischen Neomarxismus, sondern in erster Linie aus den Vereinigten Staaten, in zweiter Linie aus Frankreich. In Amerika begann seit den späten 1950er Jahren eine Gruppe von jungen Ökonomen, versiert in neoklassischer Theorie, Statistik und neopositivistischer Wissenschaftstheorie, ihren Vormarsch in die bisher von Historikern beherrschte Domäne der Wirtschaftsgeschichte. Ein Dutzend Jahre später schwenkte sie nach einem erstaunlichen Siegeszug überall selbstbewußt ihr Panier. Sogar ein eher konservativer Wirtschaftshistoriker wie Alexander Gerschenkron räumte 1968 mit bedächtiger Anerkennung ein, daß jetzt wohl den Cliometrikern erst einmal »der Tag gehört«.[39] Diese »New Economic History« hat bisher eindeutige Schwerpunkte gebildet: Räumlich-zeitlich steht das 19. Jahrhundert in den USA ebenso im Vordergrund wie die Untersuchung von Wachstumsraten anstelle der Entwicklungsstufen, von ökonomischen Aggregaten anstelle der menschlichen Wirtschaftssubjekte, von Produktion anstelle der Distribution.[40] Gerade dieser letzte Punkt zeigt, daß sie auch traditionellen Gesichtspunkten verpflichtet ist, wie sie in der neoklassischen Theorie – die fast alle Cliometriker geradezu naiv für *die* Wirtschaftstheorie schlechthin halten – bis heute fortleben. Bei ihren Untersuchungen hat diese Schule 1. auf theoretischer Präzisierung der Problemstellungen im Rahmen der ihr vertrauten ökonomischen Theorie sowie auf expliziter Hypothesen- und Modellbildung bestanden und 2. zur rigorosen Überprüfung vor allem quantifizierende Methoden angewandt. In anderen Worten: »Das typische Charakteristikum der Neuen Wirtschaftsgeschichte besteht darin, daß sie die Theorie einmal dazu benutzt, um diejenigen Elemente zu identifizieren, die zum Zwecke der Erklärung quantitativen Beweismaterials bedürfen; zweitens aber dafür, um Belege deduktiv abzuleiten, wenn ursprüngliches Quellenmaterial fehlt.«[41]

Wenn man von ihren Arbeitsergebnissen vorerst einmal absieht, so haben die Cliometriker unstreitig das Verdienst, entschieden auf expliziten theoretischen Fragestellungen und im Rahmen einer bestimmten Wissenschaftstheorie auf erhöhter Transparenz des Modus procedendi insistiert zu haben. Das kann der nötigen Theoriediskussion der Historiker nicht schaden. Dabei haben sie namentlich auf das methodische Hilfsmittel kontrafaktischer Sätze (sog. Counterfactuals) zurückgegriffen. Um z. B. die gängige Behauptung von der entscheidenden wachstumsfördernden Funktion eines Leitsektors wie des amerikanischen Eisenbahnbaus zu überprüfen, wird expliziert, was ohne Eisenbahnbau geschehen wäre und wie sich, nachdem kontrafaktisch Substitute wie forcierter Kanal- und Straßenbau erörtert worden sind, der volkswirtschaftliche Nettogewinn aufgrund des tatsächlich ausgeführten Eisenbahnbaus exakt messen läßt – übrigens eine minimale Größe im Falle dieser Rechenoperation. Solche Konstruktionen führen dazu, daß auch das Material zur Beantwortung der Fragen erst künstlich erzeugt oder präpariert werden muß, z. B. durch Umrechnung von Bilanzen, Preislisten, Kalkulationen usw. aus den Archiven amerikanischer Eisenbahngesellschaften, denn Primärquellen kann es normalerweise für kontrafaktische Hypothesen nur in begrenztem Ausmaß geben.[42] Eine zweite »cause celèbre« der ersten Cliometriker bildete das Problem, ob sich die südstaatliche Sklaverei als profitbringendes Geschäft erweisen ließ und folglich – was diese Ökonomen nur indirekt interessierte – der Bürgerkrieg zur Zerschlagung dieser Institution notwendig, nicht aber – wie eine alte These südstaatlicher Historiker lautete – wegen des angeblichen Niedergangs der Sklavenzüchter im Grund überflüssig war bzw. eine ohnehin unentrinnbare Entwicklung mit ungeheurem Blutzoll nur gewaltsam zu Ende geführt habe.[43] Hier schließen es die empirischen Ergebnisse, die eine hohe, der neuenglischen Schuhmaschinenindustrie entsprechende Rendite der Sklavenzüchter nachgewiesen haben, fortan wohl aus, die Metapher vom Niedergang weiter zu gebrauchen.

Inzwischen gibt es zahlreiche Untersuchungen aus der expandierenden Schule der Cliometriker, der Anteil derartiger Aufsätze in den Fachzeitschriften und der entsprechenden wirtschaftshistorischen Dissertationen hat in den letzten Jahren 60 Prozent erreicht.[44] Zahlreiche neue Ergebnisse sind nicht nur als direkte Resultate der Untersuchungen, sondern auch oft als Nebenprodukte abgefallen. Dessen muß sich jede Kritik bewußt bleiben. Dieser unleugbare Erfolg der »New Economic History« ist mit einem rasanten Bilderstürmer-Enthusiasmus, einem gierigen Eifer des Proselytenmachens, der jedem Mitglied der Societas Jesu das Herz höher schlagen ließe, und einer oft verblüffend engstirnigen Arroganz gegenüber allen Nicht-Cliometrikern verbunden gewesen. Das mag zu solchen Erscheinungen dazugehören; die Welle der Selbstgerechtigkeit ist inzwischen freilich wieder abgeflaut. Nicht jeder würde jetzt mehr wie G. G. S. Murphy, von der Chimäre der nomologischen Einheitswissenschaft vollständig in Bann geschlagen, uneingeschränkt behaupten: »Daß die historische Sprache, historische Methode und Erkenntnis nicht mehr sui generis sein wird, das ist offensichtlich die grundlegendste Neuerung.«[45] Unübersehbar ist gerade in den jüngsten Aufsätzen führender Cliometriker (seit 1971) das Pendel wieder zurückgeschwungen. Institutionengeschichte, die eben doch unvermeidbar sei, im neuen Stil zu schreiben, wird jetzt wieder als wichtige Aufgabe hingestellt.[46] Galt bisher, daß nicht die Institutionen, in denen sich die Prozesse abspielten, im Vordergrund standen, sondern die dynamischen Wachstumsprozesse als solche, so soll diese Vernachlässigung nun ein Ende haben. Schmoller redivivus und auf dem Weg zu neuen Ehren? Ob Schmoller oder Hintze, die Meister der älteren Institutionengeschichte, von den Cliometrikern übertroffen werden, ist allerdings sehr fraglich, obwohl die intellektuelle Redlichkeit, mit der das neu entdeckte Bedürfnis offen eingestanden wird, einen für die Vertreter dieser Forderung einnimmt.[47] Auf diesem Feld werden sie nämlich diejenigen prinzipiellen theoretischen und methodischen Schwächen in noch stärkerem Maße spüren, die Kritikern schon seit jeher an dieser Schule aufgefallen sind.

1. Unstreitig hat Gaetano Salvemini einen wichtigen Punkt

getroffen, als er behauptete, daß die kritischen Ereignisse in der Geschichte meist die Frage von »etwas mehr oder etwas weniger« implizierten; folglich sei, wo immer möglich, Quantifizierung geboten. Aber die Quantifikationsgläubigkeit und Heilsgewißheit, die dem Computer entgegengebracht wird – Einstellungen, die in dieser Form sehr an historische Traditionen des Landes der »angewandten Aufklärung« (Dahrendorf) gebunden und nicht ohne weiteres übertragbar sind –, können bei komplizierten Problemen mit ihren unvermeidbar qualitativen Aspekten nur bis zu einem bestimmten Punkt führen. Aus früher Einsicht darin ist es nicht selten zu einer engherzigen Beschneidung der Problemfelder gekommen. Das mag dann nicht nur ironische Kritik provozieren (»If you cannot quantify common sense, you do not use it«), sondern damit wird allgemein die Frage aufgeworfen, welche »Anzahl und Typen von Problemen sich überhaupt dafür als geeignet erweisen werden, mit den Methoden der ökonometrischen Historiker angegangen zu werden«.[48] Von der begrenzten Reichweite der Methoden her kann, um es zu wiederholen, eine Art negativer Vorauswahl der Themen bedingt werden. Daß dieser Vorwurf nicht von einem argwöhnischen Skeptizismus aus der Luft gegriffen wird, zeigt ein gut Teil der bisherigen Praxis der Cliometriker.

2. Ihre Methodologie beruht weitgehend darauf, daß eine Variable (z. B. die Funktion des Eisenbahnbaus) erst isoliert und dann zum Untersuchungsgegenstand gemacht wird. Da sodann oft noch kontrafaktische Sätze getestet werden, eignet dem Verfahren ein extrem artifizieller Charakter. Den Anspruch, daß es sich bei den Ergebnissen noch um Geschichte handle, hat Fritz Redlich frühzeitig zurückgewiesen, wobei er statt dessen von »Quasi-Geschichte« sprach.[49] Tatsächlich hat der Eisenbahnbau die Phantasie von Kleinaktionären und AG-Vorständen gleichermaßen beflügelt, ungeheure Kapitalien mobilisiert und einen enor-

men Ausbreitungseffekt auf alle Zulieferindustrien ausgeübt. Noch so komplizierte Rechnungen über substitutive Kanalbauten können aber nicht den simplen Einwand entkräften, daß nach dem Abklingen des amerikanischen »Kanalfiebers« noch vor dem Bürgerkrieg weder der Ausbau dieser Verkehrswege noch fester Straßen vermutlich gar nicht die stimulierende Wirkung hätte ausüben können, die der neue Eisenbahnbau nun einmal realiter besaß. Die Entwicklung dieses Leitsektors war in ein derart komplexes Geflecht von Faktoren eingebettet (Einschätzung der Investitionschancen, Konkurrenz der transkontinentalen Gesellschaften, Empire-building der Eisenbahnkönige, neue Organisations- und Finanzmethoden, Siedlerwerbung für die auf Zukunftschancen hin erschlossenen Gebiete neben den Strecken usw.), daß die Isolierung einer Variablen zwar Schulung in der mathematisierten Ökonomie verrät, die historische Realität jedoch grandios verfehlen kann. Fogels ironische Kritik, die Vorstellung vom Leitsektor (damit natürlich auch von Kuznets' »Cycle Leader« oder Schumpeters »Areas of Innovation«) stelle bloß einen Aufguß der ehrwürdigen »Heldentheorie der Geschichte dar, die nur auf Dinge übertragen worden« sei, wirkt nicht zuletzt deshalb schal.[50] Der heuristische Wert kontrafaktischer Sätze soll damit keineswegs prinzipiell bestritten werden; implizit sind sie vor allem von Historikern ständig benutzt worden und liegen gerade ihrer Kritik häufig zugrunde (Was wäre günstiger verlaufen, wenn es zu einer frühen Parlamentarisierung in Deutschland gekommen wäre, wenn die politischen Parteien nicht auf Bismarck getroffen wären, wenn der Nationalsozialismus nicht von der Weltwirtschaftskrise begünstigt, nicht von konservativen Steigbügelhaltern unterschätzt, aber von den Westmächten 1935 hart gebremst worden wäre usw.). Kontrafaktische Überlegungen können auch schwerlich eliminiert werden, da auf die Beurteilung von möglichen Alternativen nicht verzichtet

werden darf. Daß man, sofern man ihre Funktion aner-
kennt, auch schärfere Prüfungsverfahren nicht a limine
ablehnen sollte, ist ebenfalls richtig. Aber die spezifische
Verbindung, die durch die Isolierung einer – oder doch ganz
weniger – Variablen und das Testen kontrafaktischer Sätze
fast ausschließlich mit Hilfe statistisch-quantifizierender
Methoden entsteht, kann trotz blendenden theoretischen
und empirischen Aufwands der vergangenen Wirklichkeit
meist nicht mehr gewahr werden. Das geringfügige »Social
net saving« des Eisenbahnbaus mag bis auf die zehnte Stelle
hinter dem Komma vom Computer berechnet worden sein,
ohne daß doch die historischen Wirkungen dieses Verkehrs-
mittels auch nur annähernd erfaßt und erklärt worden sind.
3. Ein Grundproblem der Neuen Wirtschaftsgeschichte,
aber auch, analog, der französischen »Histoire quantitative«[51] besteht darin, daß ein quasi geschichtsloses System
von Marktwirtschaft als verselbständigte sekundäre Natur
unbefragt vorausgesetzt wird, die neoklassische Theorien in
alle Prämissen als geradezu verdinglicht-fetischisierte
Selbstverständlichkeit eingeht. Diese Theorie wird nicht als
ein Lehrgebäude verstanden, das auf bestimmten Voraussetzungen beruht, bestimmte gesellschaftliche Konstellationen
stillschweigend unterstellt, kurzum: historischen, jedoch
keinen universellen Charakter besitzt, sondern sie wird als
ein vorgegebenes Konzept hingenommen. Im Forschungsprozeß kann es sich daher für Phänomene, die in dieser
Theorie nicht realistisch verarbeitet worden sind, als schwe-
res Hemmnis erweisen, ja, J. R. T. Hughes, der selber wichtige wirtschaftshistorische Arbeiten, die auf cliometrischen
Methoden basieren, veröffentlicht, sich aber eine kritische
Distanz bewahrt hat, hat aus diesem Grunde in einer abge-
wogenen Erörterung der Problematik offen vor dem
Gefängnis dieser Theorie gewarnt.[52] Was z. B. wird vom
heuristischen Wert – von der theoretischen Erklärungskraft
ganz zu schweigen – der Theorien des Equilibriums, des

vollständigen Wettbewerbs, von Angebot und Nachfrage übrigbleiben, wenn der Historiker bzw. historische Sozialwissenschaftler es unablässig mit Ungleichgewicht und Ungleichmäßigkeit, also nie mit Gleichgewicht zu tun hat, wenn er statt der Fata Morgana des vollständigen Wettbewerbs sehr konkrete oligopolistische Konkurrenz, mithin Macht statt Marktgesetze feststellt, wenn er soziale Kriterien der Verteilung und Herrschaft Angebot und Nachfrage dominieren sieht?[53] Weshalb dann nicht gleich eine historisch adäquate Theorie, die von der gleichsam prinzipiellen Disproportionalität des kapitalistischen Wachstumsprozesses ausgeht, auf die fragwürdige regulative Idee des vollständigen Wettbewerbs verzichtet, gesellschaftliche Machtkonstellationen und Werte voll mit einbezieht? Gerade die liberale Vorstellung vom Pluralismus der konkurrierenden Kräfte und Ideen verschleiert oft nur den Sozialdarwinismus der ohnehin begünstigten Stärkeren. Es geht dabei überhaupt nicht darum, Gefahren der Theoriebenutzung dadurch zu vermeiden, daß man sich jeder expliziten Theorie enthält und in altpositivistischer Faktengläubigkeit mit lauter implizierten, vulgärtheoretischen Annahmen aufgeht, sondern um Theorien, die ein Maximum an empirisch überprüfbarem Informationsgehalt mit Erklärungskraft und eventuell sogar Bewährung beim Vergleich zu verbinden imstande sind. Dazu aber sind in diesem Wissenschaftsbereich am ehesten historisch gesättigte Theorien in der Lage. Und von daher gesehen hat es sich von Anfang an als enormer Nachteil erwiesen, daß die Cliometriker nicht auf ernst zu nehmende neomarxistische Gegner bzw. theoretisch besser versierte moderne Nachfahren der Historischen Schule gestoßen sind. Vergleicht man z. B. die Studien über den alten amerikanischen Süden von einem der wenigen amerikanischen Historiker neomarxistischer Provenienz, Eugene Genovese, mit den cliometrischen Analysen, dann wird einem dieser Mangel sogleich überaus scharf bewußt.[54]

Das war in Frankreich ganz anders, wo einige der führenden französischen Historiker, die einem undogmatischen marxistischen Ansatz folgen, der Quantitativen Schule unverzüglich in die Parade gefahren sind. Denn für sie konnte es nicht eine derartige Isolierung einer Variablen geben, konnte der Marxsche Arbeitsbegriff, an den die Cliometriker nicht einmal in ihren Träumen denken, nicht durch die verstümmelte neoklassische Definition der Arbeit als kaufbarem Produktionsfaktor ersetzt werden, konnte der gesellschaftliche Interessen- und Herrschaftszusammenhang nicht ausgeklammert werden, konnte Statistik nicht zur allein selig machenden Methode werden.

4. Allgemein müßte also die Maxime lauten: Zurück zu historischen Theorien, zurück zu sozialökonomischen Theorien anstelle von Theorien, die tendenziell universelle Gültigkeit in isolierten ökonomischen Fragen beanspruchen. Dabei sieht sich nun freilich der Historiker von Wirtschaft und Gesellschaft oder der historisch denkende Sozialwissenschaftler einem schmalen Angebot gegenüber. Ranke taucht aus seiner Versenkung erst gar nicht wieder auf.[55] In Schumpeters monumentalen, wenn auch Torso gebliebenen Büchern stecken, trotz der personalistischen Überbetonung seines charismatischen Unternehmers, zahlreiche Anregungen.[56] Daß Max Webers Theorien eine Quelle auch der wirtschaftshistorischen Forschung sind, ist nicht zuletzt von amerikanischen Kontrahenten der New Economic History unterstrichen worden. Webers Bürokratietheorie hat sich z. B. nach Alfred Chandlers und Jürgen Kockas Erfahrungen als weitaus nützlicher zur Erforschung von Strukturen in modernen amerikanischen und deutschen Großunternehmen erwiesen als ökonometrische Methoden.[57]

Fraglos bietet auch Alexander Gerschenkrons historische Theorie der europäischen Industrialisierung eine vorzügliche Ausgangsposition für den Wirtschaftshistoriker, nicht zuletzt im Hinblick auf vergleichende Studien. Gerschenkron erhebt nicht nur theoretische Forderungen, sondern hat selber einen breiten Fächer eindrucksvoller Studien vorzuweisen. Im wesentlichen geht er davon aus, daß »in jedem der industrialisierenden europäischen Länder spezifische Züge des Industrialisierungsprozesses abhingen von dem Grad der relativen Rückständigkeit dieser Länder am Vorabend des Großen Spurts in ihrem industriellen Wachstum«. Als direkt abhängig von dem Grad dieser relativen Rückständigkeit der Spätkömmlinge – vor allem im Verhältnis zu Großbritannien – haben sich nach Gerschenkron erwiesen: die Geschwindigkeit des industriellen Wachstums; die Bevorzugung von Großunternehmen; die Zusammensetzung der wachsenden Gesamtproduktion, wobei vor allem Schwerindustrie und Produktionsgüterindustrie begünstigt wurden; die Abhängigkeit vom Ausland bei der Einführung fortgeschrittener Technologien und Investitionskapitalien; der Druck auf das Konsumniveau; die passive Rolle der Landwirtschaft; die auffällige Rolle der Großbanken und staatlichen Förderungsmaßnahmen, z. B. für die frühzeitige Ausbildung von »Human Capital«; der Einfluß von virulenten Ideologien die, wie etwa der Wirtschaftsnationalismus als Entwicklungsideologie, auf die Industrialisierung einwirkten. Allgemein verläuft Gerschenkron zufolge die Industrialisierung mit allen ihren Auswirkungen um so komplexer und spannungsreicher, je größer die relative Rückständigkeit vor dem Durchbruch der Industriellen Revolution war und je abrupter und komprimierter dieser »Große Spurt« dann erfolgte. Wenn man dabei von Großbritannien als dem klassischen Land der Industrialisierung als Modell ausgeht, dann müssen die Nachfolger Ersatzlösungen finden, die an die Stelle der ursprünglichen Leistungen treten können, da diese in derselben Form oft nicht zu erbringen sind. So treten z. B. die deutschen Universalbanken seit den 1850er Jahren an die Stelle privater englischer Vermögensbesitzer, Banken, Chartergesellschaften; das russische

Finanzministerium zeitweilig an die Stelle solcher Kapital-
eigner usw. Diese Substitutionstheorie impliziert die Fähig-
keit zu schöpferischen Innovationen – etwa im Bereich der
Organisationsformen –, daher auch eine »optimistischere
Auffassung« der Zukunft unentwickelter Länder, als die
schematisierte Stufentheorie beispielsweise von Rostow sie
enthält.[58]

Von dieser Theorie kann man auch bei der Analyse der
deutschen Geschichte seit 1830-1850 ausgehen. Dort brach
mit damals beispielloser Geschwindigkeit in einem großen
Spurt von zwanzig Jahren (1850-1873) die Industrialisierung in ein vorwiegend traditionelles gesellschaftliches und
politisches Ordnungsgefüge ein, denn eben die Erfolge der
»Revolution von oben«, die immer auch zugleich eine
schwere Erbschaft von »reformes manquèes« bedeuteten,
hatten den vehement verteidigten Traditionalismus
bewahrt, so daß die ökonomische, soziale und politische
Verfassung bis weit in das 20. Jahrhundert hinein nicht syn-
chronisiert werden konnten. Nachdem aber in kurzer Zeit
der höchste Stand industriewirtschaftlichen Fortschritts
erreicht worden war, entstanden soziale und politische
Spannungen von einem solchen Ausmaß, daß sie die deutsche Geschichte bis 1945 in einem fundamentalen Sinn mit-
bestimmt haben.

Im Hinblick auf die deutsche, aber auch auf die russische
und italienische Geschichte – zu all diesen Bereichen hat
Gerschenkron selber bedeutende Arbeiten vorgelegt –,
scheint sich diese Theorie, die Gerschenkron immer wieder
in ihrem historischen Charakter bestimmt hat, zu bewähren.
Freilich gilt das Interesse des Wirtschaftshistorikers Gerschenkron eingestandenermaßen vorrangig einigen ökonomischen Problemen in der europäischen Geschichte, und so
sehr er auch gesellschaftliche Phänomene mit einbezieht
(z. B. die Bauernbefreiung mit ihren Folgen in seine Analyse
der russischen Agrarpolitik und Industrialisierung zwischen

1861 und 1917), so werden doch im allgemeinen Sozialstruktur, Politik und Herrschaft mit Absicht nicht in den
Mittelpunkt der Untersuchung gestellt.

Als Forschungs- und Erklärungsstrategie, die Produktivkräfte und Produktionsverhältnisse, Gesellschaft und Wirtschaft, Herrschaft und Ideologie in ihrer wechselseitigen
Verschränkung zu erfassen sucht, ist dagegen die Marxsche
Theorie bisher schwerlich übertroffen worden.[59] Was auch
ein enger Ökonomismus oder Vulgärmarxismus aus ihr
gemacht haben mag, für diejenigen, die sich undogmatisch
und kritisch ihrer bedient haben, hat sie immer wieder ihre
Kraft bewiesen, nicht nur Komplexphänomene der Vergangenheit aufzuschlüsseln, sondern auch die Totalität der
Gesellschaftsgeschichte in den Blick zu bringen. Das läßt
sich an einer nicht mehr kleinen Reihe neuerer Arbeiten ablesen, die alle in mehr oder minder ausgeprägter oder vermit-
telter Form Marxschen Denkanstößen verpflichtet sind.[60]
Dabei hat sich auch gezeigt, daß manchmal ein unbefangener Elektizismus anstelle von engstirniger Buchstabentreue
geboten ist. So haben etwa Gerschenkron und Schumpeter
nicht nur in Einzelfragen die Problemfelder schärfer
bestimmt, sondern auch präzisere Lösungsvorschläge
gemacht. So wäre es auch ganz töricht, nur an Marx'
verstreute Überlegungen zum Bürokratieproblem anzu-
knüpfen, wo doch in Max Webers ungleich differenzierter
ausgeführter Bürokratietheorie die historische Erfahrung bis
1920 gespeichert vorliegt. Das Entscheidende ist nicht die
starre Berufung auf zeitgebundene Texte, sondern ein
freies Verhältnis zur theoretischen Intention. »Die ganze
Auffassungsweise von Marx ist nicht eine Doktrin, sondern
eine Methode«, hat Friedrich Engels ihn authentisch zu
interpretieren geglaubt. »Sie gibt keine fertigen Dogmen,
sondern Anhaltspunkte zu weiterer Untersuchung und die
Methode für diese Untersuchung.«[61] Diese Methode schlägt
»in ihr Gegenteil« um, »wenn sie nicht als Leitfaden beim

historischen Studium behandelt wird, sondern als fertige Schablone, wonach man sich die historischen Tatsachen zurechtschneidet«. Sie ist eben »kein Hebel der Konstruktion à la Hegelianertum«, wohl aber eine »Anleitung zum Studium« der »Wechselwirkung aller Momente«. Sobald »es zur Darstellung eines historischen Abschnitts, also zur praktischen Anwendung« kommt, ist in dieser Hinsicht »kein Irrtum möglich«.[62]

An den Arbeiten der historisch-kritischen Sozialwissenschaften wird man weiterhin ablesen können, welche historischen Theorien sich am besten bewähren, welche neu entwickelt werden. Marx und Weber, Gerschenkron und Schumpeter sind durch die quantitative Wirtschaftsgeschichte keineswegs obsolet geworden. Von denjenigen, die sich in der Bundesrepublik mit dem Verhältnis von Geschichte und Ökonomie beschäftigen, ist daher zu hoffen, daß sie sich nicht den Cliometrikern vorbehaltlos anschließen. Denn damit verschrieben sie sich, so nützlich quantitative Methoden sein können, der Mode von gestern.[63] Sie könnten auf diese Weise auch nicht der ideologiekritischen Aufgabe jeder historischen Sozialwissenschaft gerecht werden, die in diesem Fall gerade den Schein der Allgemeingültigkeit um die neoklassische Theorie auflösen und »Wirtschaft« als historisches Phänomen in die gesamtgesellschaftlichen Zusammenhänge einfügen muß. Insofern muß Wirtschaftsgeschichte auch immer Teilbereich einer Geschichte der Gesellschaft sein. Auf diese Weise kann sie das Verständnis dafür schärfen, daß dem historischen Gewordensein die Möglichkeit gegenwärtiger und künftiger Veränderung innewohnt oder anders gesagt: Wenn die Zukunft in jenem bedingten Sinn offen ist, »daß die Umstände ebensosehr die Menschen, wie die Menschen die Umstände machen«[64], dann muß die historische Sozialwissenschaft das Bewußtsein davon wachhalten oder wieder wecken helfen, daß die »Umstände« der Marktgesellschaft umgestaltet werden können, ja wegen ihrer unübersehbaren sozialen Kosten in Richtung auf den liberal-demokratischen Sozialstaat umgestaltet werden sollten. Da das System des gegenwärtigen Organisierten Kapitalismus vom Interventionsstaat reguliert werden muß, wenn es nicht kollabieren soll, ist nicht einzusehen, warum auch die Marktwirtschaft nicht wieder nach sozialen Kriterien ein untergeordneter statt verselbständigter Bereich der Gesellschaft, ein bewußt gesteuerter, statt naturwüchsigen Interessen folgender Prozeß, ein der gesellschaftlichen Kontrolle durch demokratisch legitimierte Institutionen unterworfenes statt selber Dominanz beanspruchendes System werden soll. In diesem Kontext läßt sich das erkenntnisleitende Interesse einer modernen Wirtschaftsgeschichte als Gesellschaftsgeschichte bestimmen.

Anmerkungen zu »Geschichte und Ökonomie«

1 E. J. Hobsbawm, *From Social History to the History of Society*, in: *Daedalus* 100, 1971, 23 f. (dt. in: *Geschichte und Soziologie*, Hg. H.-U. Wehler, Köln 1972 (NWB 53), 331-53). Vgl. M. M. Postan, *Fact and Relevance*, Cambridge 1971, 67; J. Hicks, *A Theory of Economic History*, Oxford 1969 (wobei das Bemerkenswerte ist, daß ein Ökonom wie Hicks sich überhaupt genötigt fühlt, ein derartiges Buch – unter Anerkennung der Leistungen von Marx – zu schreiben). Auch W. W. Rostows bisweilen lebhaft diskutierte Bücher (*The Process of Economic Growth*, N. Y. 1962[2]; *The Stages of Economic Growth*, N. Y. 1962, dt. *Stadien wirtschaftlichen Wachstums*, Göttingen 1967[2]; (Hg.), *The Economics of Take-off into Sustained Growth*, London 1963; neuerdings: *Politics and the Stages of Growth*, Cambridge 1971) versuchen, historische Erfahrungen zu einem allgemeinen Schema zu verabsolutieren. Vgl. ders., *The Interrelation of Theory and Economic History*, in: *Journal of Economic History* (= *JEH*) 17, 1957, 507-23, auch in: E. N. Saveth (Hg.), *American History and the Social Sciences*, N. Y. 1964, 25-38; F. Braudel, *Pour une économie historique*, in: *Revue Economique* 1, 1950, 37-44, auch in: ders., *Ecrits sur l'Histoire*, Paris 1969, 123-33; J. L'Homme, *L'attitude de l'économiste devant l'histoire économique*, in: *Revue Historique* (= *RH*) 231. 1964, 297-306, auch in: ders., *Economie et Histoire*, Genf 1967, 45-55; sowie den Überblick in R. Jochimsen u. H. Knobel (Hg.), *Gegenstand und Methoden der Nationalökonomie*, Köln 1971 (NWB 45), 11-66.

2 Ein Spitzname für diejenigen amerikanischen Ökonomen, die – von der neoklassischen Theorie und Ökonometrie herkommend – seit den späten 50er Jahren Wirtschaftsgeschichte umzuschreiben begannen, d. h. Ökonometrie und Clio, die Muse der Geschichte, zu vereinigen den Anschein erweckten, S. dazu unten 61-68.

3 Anregende Interpretation: K. Polanyi, *The Great Transformation*, Boston (1944) 1968[9]. Vgl. dazu S. Landshut, *Kritik der Soziologie*, Neuwied 1969, 131-75 (z. T. in: *Geschichte und Ökonomie*, Hg. H.-U. Wehler, Köln 1973 (NWB 58), 40-53, der vor O. Brunner (*Land und Herrschaft*, Wien 1965[5]; *Adeliges Landleben und Europäischer Geist*, Salzburg 1949; *Neue Wege der Verfassungs- und Sozialgeschichte*, Göttingen 1968[2]) diesen Kontrast geistreich erörtert hat. Dazu jetzt auch H. Medick, *Naturzustand und Naturgeschichte der bürgerlichen Gesellschaft*, Göttingen 1973; R. Engelsing, *Zur Sozialgeschichte deutscher Mittel- und Unterschichten*, Göttingen 1973.

4 Marx-Engels, *Werke* (= *MEW*) 7, 441.

5 *MEW* 13, 631; 476; s. auch 26/I, 260.

6 *MEW* 25, 267; 39; 428. Denn diese Prozesse und Resultate sollen natürlich nicht nur als Ausfluß intentionalen Handelns, sondern auch blinder Naturwüchsigkeit verstanden werden.

7 Landshut, 131.

8 *MEW* 20, 140; Polanyi, 84. Vgl. dazu H. D. Mundorf, *Der Ausdruck Politische Ökonomie und seine Geschichte*, wiso. Diss. Köln 1957; D. Winch, *The

Emergence of Economics as a Science, 1750-1870, London 1971; M. Blaug, *Systematische Theoriegeschichte der Ökonomie*, I u. II, München 1971/73; H. C. Recktenwald, *Geschichte der Politischen Ökonomie*, Stuttgart 1971; ders. (Hg.), *Lebensbilder Großer Nationalökonomen*, Köln 1965, sowie die Lehrbücher der ökonomischen Theoriegeschichte in: A. Montaner (Hg.), *Geschichte der Volkswirtschaftslehre*, Köln 1967 (NWB 19), 435-53. Zur gegenwärtigen Diskussion: B. S. Frey, *Die ökonomische Theorie der Politik oder die neue Politische Ökonomie*, in: *Zeitschrift für die Gesamte Staatswissenschaft* (= ZGS) 126, 1970, 1-23; E. Salin, *Politische Ökonomie – heute*, in: *Kyklos* 8, 1955, 369-87; A. Gerschenkron, *History of Economic Doctrines and Economic History*, in: *American Economic Review* (= AER) 59, 1969, 1-17.

9 *MEW* 31, 466.

10 D. Ricardo, *Works*, Hg. P. Sraffa, 8, Cambridge 1952, Seite 278 (9. 10. 1820).

11 Landshut, a.a.O., 133, 175, 165; W. Hofmann, *Das Elend der National-ökonomie*, in: ders., *Universität, Ideologie, Gesellschaft*, Frankfurt 1968, 125. Vorzügliche Kritik: H. Lüthy, *Die Mathematisierung der Sozialwissenschaften*, Zürich 1970, auch in: *Geschichte u. Ökonomie*, 230-41.

12 *MEW*, Erg. Bd. 1, 511, vgl. 510-22; 3, 34. Die Literatur zur Entfremdungsproblematik ist seit 1945 gewaltig angeschwollen. Vgl. nur mit der dort verzeichneten Lit.: S. Avineri, *The Social and Political Thought of K. Marx*, Cambridge 1970[2]; H. Popitz, *Der entfremdete Mensch*, Frankfurt 1969[2]; J. Habermas, *Theorie und Praxis*, Frankfurt 1971[4]; M. Friedrich, *Philosophie und Ökonomie beim jungen Marx*, Berlin 1960.

13 Mit größerer Breitenwirkung wohl in den angelsächsischen Ländern als z. B. im deutschsprachigen Mitteleuropa mit seinen weniger gebrochenen interventionistischen Traditionen, seinem schwachen Liberalismus und seiner fehlenden bürgerlichen Revolution.

14 *MEW* 6, 405. Vgl. dort zur ungleichen Entwicklung: 3, 61, 73; 22, 439; 23, 12-15; 27, 455; 34, 374; spez. 4, 97, 468; 6, 405; 8, 371; 23, 28, 40; 25, 506, 267; 34, 372; 36, 386, 433; auch 4, 97; 20, 264. Hierzu vor allem: K. Kühne, *Karl Marx und die moderne Nationalökonomie*, in: *Die Neue Gesellschaft* 2, 1955, H. 1, 61-65; 2, 63-66; 3, 62-67; 4, 61-65 (erweitert in: *Geschichte und Ökonomie*, 304-74); ders., *Marx im Lichte der modernen Wirtschaftswissenschaft*, in: ders. (Hg.), *Karl Marx, Ökonomische Schriften*, Stuttgart 1970, XVIII-LXXXVII; ders., *Ökonomie und Marxismus*, 2 Bde., Neuwied 1972/73; ders. (Hg.), *Marxistische Wirtschaftstheorie*, Opladen 1972.

15 Vgl. H.-U. Wehler, *Der Aufstieg des Organisierten Kapitalismus und Interventionsstaats in Deutschland bis 1896*, in: *Organisierter Kapitalismus*, (Hg.) H. A. Winkler, Göttingen 1973, mit der Lit. Man kann den Begriff des »Organisierten Kapitalismus« so umfassend definieren, daß er per se den staatlichen Interventionismus einschließt. Wegen des relativen Eigengewichts des Staats in Deutschland scheint es aber zweckmäßig zu sein, die Phänomene begrifflich zu trennen.

16 *MEW* 20, 136; 31, 466; vgl. 13, 8.

17 Z. B. von E. Mandel (*Marxistische Wirtschaftstheorie*, Frankfurt 1968

u. ö.), der die universelle Gültigkeit dieser Kategorien unterstellt. Dazu M. Friedrich, *Renaissance der Politischen Ökonomie*, in: *Neue Politische Literatur* 16, 1971, 367-69.
18 *MEW* 3, 18, 27. Vgl. hierzu A. Schmidt, *Geschichte und Struktur*, München 1971; ders., *Über Geschichte und Geschichtsschreibung in der materialistischen Dialektik*, in: *Folgen einer Theorie*, Frankfurt 1967, 103-29; H. Fleischer, *Marxismus und Geschichte*, Frankfurt 1969; A. Wellmer, *Kritische Gesellschaftstheorie und Positivismus*, Frankfurt 1969; D. Groh, *K. Marx*, in: *Deutsche Historiker*, Hg. H.-U. Wehler, IV, Göttingen 1972, 25-39; W. Euchner u. A. Schmidt (Hg.), *Kritik der Politischen Ökonomie. 100 Jahre »Kapital«*, Frankfurt 1968; D. Horowitz (Hg.), *Marx and Modern Economics*, London 1968; O. Morf, *Geschichte und Dialektik in der Politischen Ökonomie*, Frankfurt 1970[2]; B. F. Hoselitz, *K. Marx and Secular Economic and Social Development*, in: *Comparative Studies in Society and History* 6, 1963/64, 142-63; M. Dobb, *Entwicklung des Kapitalismus*, Köln 1970; ders., *Political Economy and Capitalism*, London 1968[8]; ders., *Der Historische Materialismus und die Rolle des ökonomischen Faktors*, in: ders., *Organisierter Kapitalismus*, Frankfurt 1966, 58-73, auch in: *Geschichte u. Ökonomie*, 85-93.
19 *MEW* 27, 409; 13, 636. Vgl. 615-42; 27, 452-57, die allgemeinen Überlegungen hierzu.
20 *MEW* 13, 639; 19, 112.
21 W. Leontief, *The Significance of Marxian Economics for Present-Day Economic Theory*, in: *AER* 28, 1938, Papers, 1-9, dt. in: Jochimsen/Knobel, a.a.O., 109-17.
22 *MEW* 37, 463; ähnlich 205; 22, 509 f. Vgl. H. J. Steinberg, *F. Engels*, in: *Deutsche Historiker*, III, Göttingen 1972, 29-40.
23 Vgl. J. Kocka, *O. Hintze*, ebda., 41-64; B. vom Brocke, *W. Sombart*, ebda., V, 1972, 130-48; E. Salin, *Sombart and the German Approach*, in: *Festschrift* (= Fs.) *A. P. Usher*, Tübingen 1956, 41-51; F. C. Lane, *Some Heirs of G. v. Schmoller* (W. Sombart, A. Spiethoff, J. A. Schumpeter, W. Eucken), ebda., 9-39; P. R. Anderson, *G. v. Schmoller* in: *Deutsche Historiker*, II, 1971, 39-65; J. A. Schumpeter, *G. v. Schmoller und die Probleme von heute*, in: Jochimsen/Knobel, a.a.O., 118-32; D. Lindenlaub, *Richtungskämpfe im »Verein für Sozialpolitik«, 1890-1914*, Wiesbaden 1967. In diesen Studien werden manche Fehlurteile korrigiert. Als knapper Überblick über die Entwicklung der Wirtschaftsgeschichte ist ganz hervorragend: J. Kocka, *Theorieprobleme der Sozial- und Wirtschaftsgeschichte*, in: *Geschichte und Soziologie*, 305-30, erweitert in: *Sowjetsystem und Demokratische Gesellschaft*, VI, Freiburg 1972, 1-39. Theoretisch nicht so interessiert sind: W. Zorn, *Einführung in die Wirtschafts- und Sozialgeschichte des Mittelalters und der Neuzeit*, München 1972, u. L. Beutin, *Einführung in die Wirtschaftsgeschichte*, Köln 1958.
24 Vgl. den informativen Abriß in B. F. Hoselitz, *Theories of Stages of Economic Growth*, in: ders. (Hg.), *Theories of Economic Growth*, N. Y. 1965[2], 193-238. Für Schumpeter, aber auch für Sombart wurde vor allem der Unternehmer zu einer entscheidenden Triebkraft, die den Aufschwung auf das Plateau der nächsten Stufe bewerkstelligt. Heute noch ähnlich: F. Redlich, *Der Unternehmer*, Göttingen 1964; ders., *Steeped in Two Cultures*, N. Y. 1971.

25 A. Salomon, *M. Weber*, in: *Die Gesellschaft* 1926/I, 144. Vgl. hierzu W. J. Mommsen, *M. Weber*, in: *Deutsche Historiker*, III, 65-90 u. in: ders., *M. Weber*, Frankfurt 1974; ders., *Universalgeschichtliches und politisches Denken bei M. Weber*, in: *Historische Zeitschrift* (= *HZ*) 201, 1965, 557-612 u. in: ders., *M. Weber*, Frankfurt 1974; F. Lütge, *M. Weber als Wirtschafts- und Gesellschaftshistoriker*, in: M. Weber, Gedächtnisschrift der L. M.-Universität München 1964, Hg. K. Engisch u. a., Berlin 1966, auch in: ders., *Ges. Abhandlungen*, II, Stuttgart 1970, 14-26.

26 M. Weber, *Gesammelte Aufsätze zur Religionssoziologie*, Tübingen 1963⁵, 252.

27 Dazu am besten: J. Kocka, *K. Marx und M. Weber*, in: *ZGS* 122, 1966, 328-57 (erweitert in: *Geschichte und Ökonomie*, 54-84, dort übrigens mit berechtigter Kritik an W. Lefèvre, *Zum historischen Charakter und zur historischen Funktion der Methode bürgerlicher Soziologie – M. Weber*, Frankfurt 1971). Vgl. noch die wichtige Abhandlung von K. Löwith, *M. Weber und K. Marx*, in ders., *Gesammelte Abhandlungen*, Stuttgart 1960, 1-67.

28 J. Berlin, *History and Theory*, in: *History and Theory* (= *HT*) 1, 1960, 1; M. Weber, *Die »Objektivität« sozialwissenschaftlicher und sozialpolitischer Erkenntnis*, in: ders., *Gesammelte Aufsätze zur Wissenschaftslehre*, Tübingen 1968³, 61, 214, 177, 180, 184, 197, 207, 214.

29 Vgl. die Belege bei Kocka, *Marx und Weber*; z. B. *MEW* 25, 825 (»Alle Wissenschaft wäre überflüssig, wenn die Erscheinungsform und das Wesen der Dinge zusammenfielen«).

30 Großartige, schneidende Kritik: H. Marcuse, *Industrialisierung und Kapitalismus im Werke M. Webers*, in: ders., *Kultur und Gesellschaft*, II, Frankfurt 1965, 107-46.

31 J. A. Schumpeter, *Theorie der wirtschaftlichen Entwicklung*, Berlin 1964⁶, 102.

32 Vgl. ausführlicher Wehler, *Organisierter Kapitalismus*. Deutlich festgelegt sind M. Wirth, *Kapitalismustheorie in der DDR*, Frankfurt 1972; E. Mandel, *Theorie des Spätkapitalismus*, Frankfurt 1972. Für Amerika: R. T. Averitt, *The Dual Economy*, N. Y. 1968 (»Corporation Capitalism« im Zentrum, kleine Firmen an der Peripherie). Allg. B. Supple, *The State and the Industrial Revolution, 1700-1914*, London 1971.

33 Vgl. H. J. Steinberg, *K. Lamprecht*, in: *Deutsche Historiker*, I, 1971, 58-68; F. Lütge, *K. Lamprecht*, in: *International Encyclopaedia of the Social Sciences* (= *IESS*) 8, 1968, 549 f.; A. M. Popper, *K. Lamprecht*, in: B. Schmitt (Hg.), *Some Historians of Modern Europe*, Port Washington 1966², 217-39; auch in: S. W. Halperin (Hg.), *Essays in Modern European Historiography*, Chicago 1970, 119-42; K. J. Weintraub, *Visions of Culture: Voltaire, Guizot, Burckhardt, Lamprecht, Huizinga, Ortega y Gasset*, Chicago 1966, 161-207; G. Oestreich, *Die Fachhistorie und die Anfänge der sozialgeschichtlichen Forschung in Deutschland*, in: *HZ* 208, 1969, 320-63.

34 Vgl. H.-U. Wehler, *Theorieprobleme der modernen deutschen Wirtschaftsgeschichte 1800-1945*, in: *Fs. H. Rosenberg*, Berlin 1970, 66-107, z. T. in: ders., *Krisenherde des Kaiserreichs 1871-1918*, Göttingen 1970, 291-312, 408-30, spez. 292-95. Noch in der Festschrift *100 Jahre HZ 1859-1959* (*HZ* 189. 1959) wird die Anti-Lamprecht-Position betont. Über wichtige Außen-

seiter vgl. H. Grebing u. M. Kammer, *F. Mehring*, in: *Deutsche Historiker*, V, 73-94; K. G. Faber, *J. Ziekursch*, ebda., III, 109-23; H. Berding, *A. Rosenberg*, ebda., IV, 81-96. Literaturübersichten: Wehler, *Theorieprobleme*, 410-16; G. Brodnitz, *Recent Works in German Economic History 1900-1927*, in: *Economic History Review* (= *EHR*) 1. 1927/28, 322-45; F. Redlich, *Recent Developments in German Economic History*, in: *JEH* 18, 1958, 516-30; R. Tilly, *Soll und Haben: Recent German Economic History and the Problem of Economic Development*, in: *JEH* 29. 1959, 298-319; ders. u. C. Tilly, *Agenda for European Economic History*, in: *JEH* 31. 1971, 184-98; F. Crouzet, *The Economic History of Modern Europe*, ebda., 135-52; W. Zorn, *Ein Jahrhundert deutsche Industrialisierungsgeschichte*, in: *Blätter für deutsche Landesgeschichte* (= *BDL*) 108. 1972. Zum allg. Problem: P. Vilar, *Marxisme et histoire dans le développement des sciences humaines*, in: *Studi Storici* 5, 1959/60, 1008-43 (dt. z. T. in: *Geschichte und Ökonomie*, 286-303) – ein manchmal vielleicht zu enthusiastischer Aufsatz eines französischen Neomarxisten und bedeutenden Historikers, der zwar in der deutschen Wissenschaftsgeschichte nicht sehr gut bewandert ist, aber doch zu Recht auf der Verbindung von Theorie und Geschichte insistiert und sehr klar die offene französische Diskussion dieser Fragen repräsentiert.

35 W. Abel, *Neue Fragen an die Wirtschaftsgeschichte*, Göttingen 1962, 17. Gelegentlich auch F. Lütge (z. B. *Geschichte, Wirtschaft, Wirtschaftsgeschichte*, München 1959, 16, auch in: ders., *Ges. Abhandlungen*, II, 1-13). Neuerdings am klarsten: Kocka, in: *Geschichte und Soziologie*. Vgl. noch H. Kellenbenz, *Die Methoden des Wirtschaftshistorikers*, Köln 1973, ebenso unbefriedigend wie sein Artikel *Wirtschaftsgeschichte*, in: *Handwörterbuch der Sozialwissenschaften* 12, 1965, 124-41; O. Brunner, *Der Historiker und die Geschichte von Verfassung und Recht*, in: *HZ* 209, 1969, 6; ganz an H. Rosenberg orientiert: O. Büsch, *Industrialisierung und Geschichtswissenschaft*, Berlin 1969.

36 W. G. Hoffmann, *Wachstumstheorie und Wirtschaftsgeschichte*, in: *Fs. A. Müller-Armack*, Berlin 1961, 147-58, auch in: *Geschichte und Ökonomie*, 94-103. Vgl. W. Kraus, *Das Verhältnis von Wirtschaftsgeschichte und Wirtschaftstheorie in der modernen Nationalökonomie*, in: *Vierteljahresschrift für Sozial- und Wirtschaftsgeschichte* (= *VSWG*) 42, 1955, 193-213; F. Decker, *Betriebswirtschaft und Geschichte*, ebda., 53, 1966, 344-65. Allg. B. E. Supple, *Economic History, Economic Theory, and Economic Growth*, in: ders. (Hg.), *The Experience of Economic Growth, N. Y. 1963, 3-46; ders., Economic History and Economic Growth*, in: *JEH* 20. 1960, 548-56; ders., *Economic History and Economic Underdevelopment*, in: *Canadian Journal of Economics and Political Science* (= *CJEPS*) 27, 1961, 460-78; J. Åkerman, *Theory of Industrialism*, Lund 1960; ders., *Structures et cycles économiques*, Paris 1955.

37 Vgl. die Lit. in: Wehler, *Theorieprobleme*, 408-30; W. Hofmann, *Elend*; ders., *Grundelemente der Wirtschaftsgesellschaft*, Reinbek 1969; E. Preiser, *Politische Ökonomie im 20. Jahrhundert*, München 1970; R. Braun, *Zum Verhältnis von Sozialgeschichte und Wirtschaftstheorie*, in: *Schweizerische Zeitschrift für Volkswirtschaft und Statistik* 107, 1971, 447-60. Neuerdings zur modernen deutschen Wirtschaftsgeschichte: K. Borchardt, *The Industrial*

Revolution in Germany, 1700-1914, London 1971, dt. München 1972; F.-W. Hennig, *Die Industrialisierung Deutschlands 1800-1914*, Paderborn 1973; D. André, *Indikatoren des technischen Fortschritts. Eine Analyse der Wirtschaftsentwicklung in Deutschland 1850-1913*, Göttingen 1971.

38 E. Lederer, *Aufriß der ökonomischen Theorie*, Tübingen 1931[3], 4. So auch W. Roscher, *Grundlagen der Nationalökonomie*, Berlin 1918[25], 83 (1854); A. Marshall, *Memorials*, Hg. A. C. Pigou, London 1925, 168. Über Lederer, einen stark vom Marxismus angeregten Sozialwissenschaftler mit weiten Interessen, demnächst J. Kocka in der Einleitung zu einem Sammelband von Arbeiten Lederers (Göttingen 1974).

39 A. Gerschenkron, *Continuity in History*, Cambridge/Mass. 1968, 56.

40 A. Fishlow u. R. W. Fogel, *Quantitative Economic History. An Interim Evaluation, Past Trends and Present Tendencies*, in: *JEH* 31. 1971, 15-42. Vgl. hierzu auch D. C. North, *Economic History*, in: *IESS* 6. 1968, 468-74; ders., *A New Economic History for Europe*, in: *ZGS* 124. 1968, 139-42; R. W. Fogel, *The New Economic History*, in: *EHR* 19. 1966, 642-56, dt. *Die neue Wirtschaftsgeschichte*, Köln 1970; ders., *The Reunification of Economic History and Economic Theory*, in: *AER* 55. 1965, 92-98; ders., *A Provisional View of the »New Economic History«*, in: *AER* 54, 1964, 377-89; auch L. Davis, *Prof. Fogel and the New Economic History*, in: *EHR* 19. 1966, 657 f.

41 J. Habakkuk, *Economic History and Economic Theory*, in: *Daedalus* 100, 1971, 305-22. Gute – teils sympathisierende, teils kritische – Übersichten über die Diskussion stammen (außer von den Autoren in Anm. 40) von R. W. Fogel u. S. L. Engerman (Hg.), *The Reinterpretation of American Economic History*, N. Y. 1971; R. Andreano (Hg.), *New Views on American Economic Development*, Cambridge/Mass. 1965; ders. (Hg.), *The New Economic History*, N. Y. 1970; D. K. Rowney u. J. Q. Graham (Hg.), *Quantitative History*, Homewood 1969; R. P. Swierenga (Hg.), *Quantification in American History*, N. Y. 1970; T. C. Cochran, *Economic History, Old and New*, in: *American Historical Review* 74, 1969, 1561-72; M. Levy-Leboyer, *La »New Economic History«*, in: *Annales* 24, 1969, 1035-69; J. R. Price, *Recent Quantitative Works in History*, in: *HT* Beiheft 9, 1969, 1-13; der knappe Forschungsbericht darüber in: W. Fischer, *Wirtschaft und Gesellschaft im Zeitalter der Industrialisierung*, Göttingen 1972. – Zur Kritik vor allem: F. Redlich, *»New« and Traditional Approaches to Economic History and Their Interdependence*, in: *JEH* 25, 1965, 480-95 (dt. in *Geschichte und Ökonomie*, 242-54); ergänzend ders., *Potentialities and Pitfalls in Economic History*, in: *Explorations in Entrepreneurial History* (= *EEH*) 6, 1968, 93-108, auch in: Andreano (Hg.), *History*, 85-100; ders., *»Quantitative« and »Qualitative« Research in Economics*, in: *EEH* 9. 1957, 239 f.; J. D. Gould, *Hypothetical History*, in: *EHR* 22. 1969, 195-207; M. Desai, *Some Issues in Econometric History*, in: *EHR* 21. 1968, 1-16; L. M. Hacker, *The New Revolution in Economic History*, in: *EEH* 3. 1966, 159-75; E. H. Hunt, *The New Economic History*, in: *History* 53. 1968, 3-18; P. Mathias, *Economic History*, in: M. Ballard (Hg.), *New Movements in the Study and Teaching of History*, London 1971, 76-92; H. Scheiber, *On the New Economic History*, in: *Agricultural History* 41, 1967, 383-95, sowie Kocka in: *Geschichte und Soziologie*, 305-30.

42 R. W. Fogel, *Railroads and American Economic Growth*, Baltimore 1964, vor allem 1-9, 111-46, 228-34, 219, 237-49; A. Fishlow, *American Railroads and the Transformation of the Ante-Bellum-Economy*, Cambridge/Mass. 1965. Vgl. P. D. McClelland, *Railroads, American Growth and the New Economic History: A Critique*, in: *JEH* 28, 1968, 102-23; S. Lebergott, *US Transport Advance and Externalities*, in: *JEH* 26, 1966, 437-61.

43 A. H. Conrad u. J. R. Meyer, *The Economics of Slavery in the Ante Bellum South*, in: *Journal of Political Economy*, 71, 1958, 95-130, auch in: dies., *The Economics of Slavery*, Chicago 1964, 43-92, u. in: Fogel/Engerman, 342-61; Y. Yasuba, *The Profitability and Viability of Plantation Slavery in the United States*, in: *The Economic Studies Quarterly* 12, 1961, 60-67, auch in: Fogel/Engerman, a.a.O., 362-68; die Zusammenfassung ders., 311-41.

44 Weitere Beispiele in Fogel/Engerman; Andreano; Swierenga; Rowney/Graham, dazu in nahezu jedem Heft des *JEH* und der *EEH*. Neue Gesamtdarstellungen auf dieser Grundlage: L. Davis u. a. (Hg.), *American Economic Growth*, N. Y. 1972; ders. u. a. (Hg.), *American Economic History*, Homewood 1969[3]; D. C. North, *Growth and Welfare in the American Past: A New Economic History*, Englewood Cliffs 1966; ders., *Industrialization of the United States*, in: *Cambridge Economic History of Europe* VI/2, 1965, 673-705; ders., *The Economic Growth of the United States, 1790-1860*, Englewood Cliffs 1961. Allg. zu dieser Problematik: E. H. Tuma, *Economic History and the Social Sciences*, Berkeley 1971 (ganz positivistisch); J. Swanson u. J. Williamson, *Explanations and Issues: A Prospectus for Quantitative History*, in: *JEH* 31. 1971, 43-57); R. W. Fogel, *Historiography and Retrospective Econometrics*, in: *HT* 9. 1970, 245-59, vgl. 260-64; ders., *The Specification Problem in Economic History*, in: *JEH* 27, 1967, 283-308; A. H. Conrad, *Econometrics and Southern History*, in: *EEH* 6. 1968, 34-53, auch in: Andreano (Hg.), *History*, 109-28; ders. u. J. R. Meyer, *Economics of Slavery (Statistical Inference and Historical Explanations*, 31-40, dt. in: *Geschichte und Ökonomie*, 144-62); L. E. Davis, *And It Will Never be Literature: The New Economic History. A Critique*, in: *EEH* 6, 1968, 75-92, auch in: Andreano (Hg.), *History*, 67-84; ders. u. a., *Aspects of Quantitative Research in Economic History*, in: *JEH* 20, 1960, 539-47, auch in: Saveth (Hg.), a.a.O., 449-57; J. R. T. Hughes, *Fact and Theory in Economic History*, in: *EEH* 3. 1966, 75-100, auch in: Andreano (Hg.), *History*, 43-66 (dt. in: *Geschichte und Ökonomie*, 203-26); G. G. S. Murphy, *On Counterfactual Propositions*, in: *HT*, Beiheft 9, 14-38; ders., *The »New History«*, in: *EEH* 2. 1965, 132-46 auch in: Andreano (Hg.), *History*, 1-16 (dt. in: *Geschichte und Ökonomie*, 189-202); D. C. North, *The State of Economic History*, in: *AER* 55. 1965, Papers, 86-91; ders., *Quantitative Research in American Economic History*, in: *AER* 53. 1963, 128 f.; auch in: Andreano (Hg.), *Views*, 9-12; R. L. Basman, *The Role of the Economic Historian in Predictive Testing of Proffered »Economic Laws«*, in: *EEH* 2. 1965, 159-86, auch in: Andreano (Hg.), *History*, 17-42; G. N. v. Tunzelmann, *The New Economic History, an Econometric Appraisal*, in: *EEH* 5, 1968, 175-200, auch in: Andreano (Hg.), *History*, 151-75; H. G. J. Aitken, *On the Present State of Economic History*, in: *CJEPS* 26. 1960, 87-95.

45 Murphy, *New History*, 24, deshalb als extremes Beispiel aufgenommen in: *Geschichte und Ökonomie*, 189-202.

46 D. C. North, *Institutional Change and Economic Growth*, in: *JEH* 31. 1971, 118-25; Fishlow/Fogel, a.a.O., 41./

47 Vgl. D. C. North u. R. P. Thomas, *The Economic Theory of the Growth of the Western World*, in: *EHR* 23. 1970, 1-17; dies., *The Rise of the Western World. A New Economic History*, N. Y. (1973); L. E. Davis u. D. C. North, *Institutional Change and American Economic Growth*, in: *JEH* 30. 1970, 131-49; dies., *Institutional Change and American Economic Growth*, Cambridge 1971. Vgl. auch J. C. H. Fei u. G. Ranis, *Economic Development in Historical Perspective*, in: *AER* 59. 1969, 386-99. Zu Schmoller u. Hintze s. die Lit. in Anm. 23.

48 Habakkuk, a.a.O., 319. Zur Quantifizierungsproblematik vgl. jetzt vor allem: E. Shorter, *The Historian and the Computer*, Englewood Cliffs 1971; Rowney/Graham; Swierenga; W. O. Aydelotte, *Quantification in History*, Reading/Mass. 1971, 39-65 (z. T. dt.: *Quantifizierung in der Geschichtswissenschaft*, in: *Geschichte und Soziologie*, 259-82), besonders auch der Briefwechsel mit J. Hexter, 155-179; J. R. Price u. V. Lorwin (Hg.), *The Dimensions of the Past*, New Haven 1972; S. Thernstrom, *Quantitative Method in History*, in: S. M. Lipset u. R. Hofstadter (Hg.), *History and Sociology*, N. Y. 1968, 59-78; J. Hexter, *History, the Social Sciences, and Quantification*, in: ders., *Doing History*, Bloomington 1971, 107-34; F. Dovring, *History as a Social Science*, Den Haag 1960; R. Forberger, *Einige Bemerkungen zur Meßbarkeit von wirtschaftshistorischen Prozessen*, in: *BDL* 104, 1968, 109-19; die franz. Lit. in Anm. 51 sowie F. Furet, *L'histoire quantitative et la construction du fait historique*, in: *Annales* 26, 1971, 63-75, engl. *Quantitative History*, in: *Daedalus* 100, 151-67; A. Soboul, *Descriptions et mesure en histoire sociale*, in: *L'Histoire Sociale*, Paris 1967, 9-25; P. Lebrun, *Structure et Quantification*, in: C. Perelman (Hg.), *Raisonnement et demarches de l'histoire*, Brüssel 1964, 29-51; die Bibliographien in: W. Köllmann u. P. Marschalck, *Bevölkerungsgeschichte*, Köln 1972 (NWB 54), 391-400; *Geschichte und Soziologie*, 355-61 u. in: *Geschichte und Ökonomie*, 385-90.

49 Vgl. Redlich, *Approaches*, 10 u. 16; ders., *Potentialities*. Zur Kritik auch: G. Greene, S. Bruchey u. A. D. Chandler, *Comments*, in: Andreano (Hg.), *History*, 101-7, 135-41, 143-50 – vielleicht die besten Stücke in diesem Sammelband; auch wieder Hacker u. Hunt.

50 Fogel, *Railroads*, a.a.O., 236.

51 Die französische Kontroverse wird wegen der Analogie nicht auch noch ausführlich vorgestellt. Der große Unterschied besteht darin, daß die »Histoire Quantitative« sofort auf entschiedene, theoretisch gut fundierte Kritik traf, s. o. S. 67 f. Vgl. J. Marczewski, *Quantitative History*, in: *Journal of Contemporary History* 3. 1968, 179-91 (dt. in: *Geschichte und Ökonomie*, 163-73); ders., *Introduction à l'Histoire Quantitative*, Genf 1965; ders., *But et méthodes de l'histoire quantitative*, in: *Cahiers V. Pareto* (= *CVP*) 3, 1964, 25-64; ders., *Histoire Quantitative de l'Economie Francaise*, Paris 1961 (danach 11 Bde. bis 1969). Contra: P. Vilar, *Pour une meilleur compréhension entre économistes et historiens*, in: *RH* 233, 1965, 293-312 (dt. in:

Geschichte und Ökonomie, 174-88); P. Chaunu, Histoire quantitative et histoire sérielle, in: CVP 3, 1964, 165-75; L'histoire sérielle, in: RH 1970, 297-320; J. Bouvier, Histoire économique et histoire sociale, Genf 1968; z. T. dt. in: Geschichte u. Ökonomie, 375-84; L'Homme, Economie et Histoire; C. Fohlen, Economies et Societés Françaises Contemporaines: Approaches Quantitatives, in: VSWG 54. 1967, 325-35. Vilar und Chaunu haben auch auf das folgenreiche Problem hingewiesen, daß die neue Schule für ihre statistischen Methoden entweder im sog. vorstatistischen Zeitalter keine hinreichenden Quellen vorfindet oder aber Quellen nicht der historischen Kritik unterwirft und daher abstruse Ergebnisse aus ihnen ableitet.

52 Hughes, in: Geschichte und Ökonomie, 203-26.

53 Vgl. P. Temin, General-Equilibrium Models in Economic History, in: JEH 31, 1971, 43-57; Habakkuk, a.a.O., 312 f. Vgl. auch die Kritik an der neoklassischen Schule bei H. Albert, Marktsoziologie und Entscheidungslogik, Neuwied 1967, sowie die Vorträge auf der Tagung des »Vereins für Sozialpolitik« (Sept. 1972, Macht und Ökonomie) in den Schriften des Vereins.

54 E. Genovese, The Political Economy of Slavery, N. Y. 1967. Vgl. dagegen W. N. Parker (Hg.), The Structure of the Cotton Economy of the Ante Bellum South, Washington 1970.

55 R. Vierhaus (Ranke und die soziale Welt, Münster 1957) bietet zwar eine verständnisvolle Interpretation, diese bleibt aber neoorthodox und zeigt indirekt die Unergiebigkeit für eine Anknüpfung. Die neue Ausgabe Rankescher Schriften (Aus Werk und Nachlaß, Hg. W. P. Fuchs u. a., bisher 3 Bde., München 1964/73) ist ein kostspieliger Akt der Pietät, der weitaus dringlichere Vorhaben verhindert. Vgl. jetzt die kurze kritische Studie von H. Berding, L. v. Ranke, in: Deutsche Historiker, I, 7-24.

56 J. A. Schumpeter, Konjunkturzyklen, 2 Bde., Göttingen 1961; ders., Geschichte der ökonomischen Analyse, 2 Bde., ebda., 1965; ders., Kapitalismus, Sozialismus und Demokratie, Bern 1972³.

57 Chandler, oben Anm. 49; ders., Strategy and Structure, Cambridge/Mass. 1962; J. Kocka, Unternehmensverwaltung und Angestelltenschaft am Beispiel Siemens 1847-1914, Stuttgart 1969; ders., Family and Bureaucracy in German Industrial Management, 1850-1914, in: Business History Review 45, 1971, 133-56.

58 A. Gerschenkron, Europe in the Russian Mirror, Cambridge 1970, 98 f., 107; ders., Continuity; ders., Economic Backwardness in Historical Perspective, Cambridge/Mass. 1962, N. Y. 1965², 5-30, der Hauptaufsatz dt. in: R. Braun u. a. (Hg.), Industrielle Revolution, Köln 1972, 59-78, u. in: Geschichte und Ökonomie, 121-39; ders., Die Vorbedingungen der europäischen Industrialisierungen im 19. Jahrhundert, in: W. Fischer (Hg.), Wirtschafts- und sozialgeschichtliche Probleme der frühen Industrialisierung, Berlin 1968, 21-28. Vgl. S. L. Barsby, Economic Backwardness and the Characteristics of Development, in: JEH 29, 1969, 449-64. Allg. B. F. Hoselitz, Formen wirtschaftlichen Wachstums, in: ders., Wirtschaftliches Wachstum und sozialer Wandel, Berlin 1969, 54-74, auch in: Geschichte und Ökonomie, 104-20; W. W. Rostow, Histoire et sciences sociales-la longue durée, in: Annales 14, 1959, 710-18; W. Kula, Histoire et économie-la longue durée, ebda., 15, 1969, 294-313 (dt. in: Geschichte und Ökonomie, 255-72).

59 Auf eine historische Systemforschung muß, wie oben erwähnt, weiter gewartet werden. Vgl. dazu die Einleitung zu: *Geschichte und Soziologie*, 11-31. Zur Verschränkung von Sozial- und Wirtschaftsgeschichte: J. Bouvier, *Histoire sociale et histoire économique*, in: ders., *Histoire*, 25-34 (dt. in: *Geschichte und Ökonomie*, 375-84), dagegen: W. Stark, *Wirtschafts- und Sozialgeschichte. Parallele oder Kontrast?*, in: *Archiv für Rechts- und Sozialphilosophie* 54, 1968, 485-97. Als allg. Überblick über Fragen einer Theorie der gegenwärtigen westlichen Industriegesellschaften: K. Borchardt, *Zur Theorie der sozialökonomischen Entwicklung der gegenwärtigen Gesellschaft*, in: *Spätkapitalismus oder Industriegesellschaft?* Stuttgart 1969, 29-47 (überarbeitet in: *Geschichte und Ökonomie*, 273-85).

60 Vgl. z. B. E. J. Hobsbawm, *Europäische Revolutionen*, München 1962; ders., *Industrie und Empire*, 2 Bde., Frankfurt 1969; C. Hill, *The Century of Revolution, 1603-1714*, N. Y. 1966; ders., *Reformation to Industrial Revolution, 1530-1780*, Baltimore 1969; E. P. Thompson, *The Making of the English Working Class*, N. Y. 1965; Dobb, *Entwicklung*. – Vilars Arbeiten, verzeichnet in seinen Aufsätzen; J. Bouvier, *Le Crédit, Lyonnais, 1863-1882*, 2 Bde., Paris 1961; ders. u. a., *Le mouvement du profit en France au XIX siècle*, Paris 1965; seine Aufsatzsammlung; A. Daumard, *La bourgeoisie parisienne 1815-48*, Paris 1963; J. L'Homme, *La Grande Bourgeoisie au Pouvoir 1830-80*, Paris 1960. – B. Moore, *Soziale Ursprünge von Diktatur und Demokratie*, Frankfurt 1969; C. W. Mills, *Die amerikanische Elite*, Hamburg 1962; ders., *Power, Politics, and People*, Hg. I. L. Horowitz, N. Y. 1963; W. A. Williams, *The Contours of American History*, N. Y. 1961; ders., *The Tragedy of American Diplomacy*, N. Y. 1962[2] (dt.: *Die Tragödie der Amerikanischen Diplomatie*, Frankfurt 1973); ders., *The Roots of the Modern American Empire*, N. Y. 1969. – J. Habermas, *Strukturwandel der Öffentlichkeit*, Neuwied 1965[2]; J. Kocka, *Klassengesellschaft im Krieg*, Göttingen 1973; ders., *Unternehmensverwaltung; Medick, Naturzustand;* H.-U. Wehler, *Bismarck und der Imperialismus*, Köln 1972[3].

61 *MEW* 39, 428 (Engels an W. Sombart, 11. 3. 1895, ein Brief, der auffallend selten zitiert wird; vgl. von Brocke).

62 *MEW* 37, 411 (Engels an P. Ernst, 5. 6. 1890); 37, 436 (Engels an C. Schmidt, 5. 8. 1890); 37, 463 (Engels an J. Bloch, 21. 9. 1890); 39, 96 f. (Engels an F. Mehring, 14. 7. 1893); 39, 205-7 (Engels an W. Borgius, 25. 1. 1894), vgl. 22, 509 f. So argumentieren auch R. L. Meek, *K. Marx' Economic Method*, in: ders., *Economics and Ideology*, London 1967, 112; S. Pollard, *Economic History – a Science of Society*, in: *Past & Present* 30, 1965, 3-22; Hobsbawm, *Social History;* ders., *L'apport du Marx à l'historiographie*, in: *Diogène* 1968, 44-69. S. auch J. Witt-Hansen, *Historical Materialism*, I: *The Method*, Kopenhagen 1960.

63 Vgl. auch die lapidare Feststellung von K. Borchardt (*Zur Frage des Verhältnisses des Studiums der Geschichtswissenschaft zum Studium der Wirtschaftswissenschaft*, in: W. Conze (Hg.), *Theorie der Geschichtswissenschaft*, Stuttgart 1972, 54): »Wirtschaftsgeschichte provoziert eine politische Ökonomie.«

64 *MEW* 3, 38; vgl. 8, 115; Polanyi, a.a.O., 190, 218, 234. Über die Analyse und Erklärung der »Umstände« erfährt man so gut wie gar nichts in: K.-G. Faber, *Theorie der Geschichtswissenschaft*, München 1971.

Geschichte und Psychoanalyse

Seit mehr als zehn Jahren wird, vor allem in den Vereinigten Staaten und in Frankreich, lebhaft über die Bedeutung der Psychoanalyse für die Geschichtswissenschaft diskutiert. Von einer vergleichbaren Auseinandersetzung ist in der Bundesrepublik noch wenig zu spüren. Daher kann, obwohl diese Debatte nachgeholt werden muß, noch rechtzeitig vor einer Überschätzung der Psychoanalyse durch die historischen Sozialwissenschaften gewarnt werden. Den Stein der Weisen, wie mancher glaubt, besitzt sie keineswegs. Ob ihre überwiegend individualpsychologischen Kategorien ohne weiteres für eine historische Sozialpsychologie verwendbar sind, läßt sich bestreiten; ob z. B. Autismus von einem prinzipiell strukturgeschichtlich ausgerichteten Zweig der Sozialwissenschaften wie der modernen Friedensforschung mit Nutzen, d. h. mit empirisch erhärteter Erklärungskraft für Kollektivverhalten, aufgegriffen werden kann, ist höchst ungewiß. Die eigentlichen Aufgaben der modernen historischen Sozialwissenschaften liegen heute in der vergleichenden Analyse von Wirtschaft, Gesellschaft und Herrschaft; dazu bedarf sie der Ökonomie, Soziologie und Politikwissenschaft. Eine historisch-sozialpsychologisch orientierte Psychoanalyse wäre dabei zweifellos sehr erwünscht; diese gibt es jedoch erst in Ansätzen, und gerade ihre Weiterentwicklung ist fundamental abhängig von einer kritischen Gesellschaftsgeschichte. Dennoch verdient die Beziehung zwischen Psychoanalyse und Geschichte auch bei uns eine Erörterung, nicht zuletzt deshalb, weil die Krise des historistischen Verstehensbegriffs, aber auch die modische, wenngleich theoretisch ungeklärte Verbindung von Freudianismus und Neomarxismus dazu auffordern. Dabei sind – für den Historiker jedenfalls – das Fernziel einer historischen

Sozialpsychologie und der untergeordnete Stellenwert der individualistischen Psychoanalyse nicht aus den Augen zu verlieren. Vor allem aber: Nur konkrete Studien unter Einbeziehung psychoanalytischer Theorien können über den Wert der Psychoanalyse für die Gesellschaftsgeschichte entscheiden. Bei den theoretischen Vorüberlegungen, ob hier ein Schwerpunkt der Forschung entstehen sollte, ist freilich aus den unten ausgeführten Gründen vorerst Skepsis geboten.

Der Biographie, darüber scheint Einigkeit zu herrschen, könnte die Psychoanalyse neue Dimensionen erschließen, doch die politische Biographie, so hat man in jüngster Zeit wiederholt geklagt, sei hierzulande ein »Brachland« geworden. Nach ihrer großen Zeit zwischen 1830 und 1930 (wenn man so will: von Droysens *Alexander* bis Mayers *Engels*) sei sie bei den deutschsprachigen Historikern offensichtlich immer mehr in Mißkredit geraten, und die Politikwissenschaftler hätten sie noch nicht entdeckt.[1] Dieses Pauschalurteil verrät eine erstaunliche Unkenntnis, denn es ist in der Sache, zumindest soweit die Historiker betroffen sind, schlechterdings falsch. Eher ließe sich der gelegentlich von manchen ausländischen Historikern erhobene sachte Vorwurf verstehen, man folge in Deutschland noch zu oft einer konventionellen biographischen Form der Darstellung. Doch davon abgesehen, Reinhard Wittrams große Biographie des Zaren Peter I. wird man unstreitig den bedeutendsten Biographien der deutschen Geschichtsschreibung in diesem Jahrhundert – mithin Heinrich R. v. Srbiks *Metternich* und Gerhard Ritters *Stein*, vor allem aber den Werken zweier Außenseiter: Erich Eycks *Bismarck* und Gustav Mayers *Friedrich Engels* – zuzählen dürfen.

In mehreren Bänden hat soeben Adam Wandruszka das Leben und Lebenswerk Kaiser Leopolds II, Max Braubach das des Prinzen Eugen von Savoyen dargestellt; ebenso breit angelegt sind die noch nicht abgeschlossenen Biographien von Lothar Wickert über Theodor Mommsen und von Werner Kaegi über Jakob Burckhardt, während Carl Jacob Burckhardts Richelieu-Biographie jetzt doch zu Ende geführt worden ist.[2] Überhaupt ist in den letzten Jahren wieder eine Fülle von Biographien – von den biographischen Essays ganz zu schweigen – erschienen: über hervorragende Politiker und Militärs, über Monarchen und Historiker, über Bischöfe und Industrielle.[3]

Anstatt wie nach dem Ersten Weltkrieg der historischen Belletristik das Feld zu überlassen, haben sich auch Fachhistoriker der populär gefaßten Biographie zugewandt. Man denke etwa an Heibers Hitler- und Goebbels-Biographien, an Scheurigs *Stauffenberg* und Werner Richters *Bismarck*. Nein, von einem »Brachland« wird man, selbst nach diesem nur flüchtigen Überblick, nicht gut sprechen können.[4]

Dennoch ist – nicht nur unter jüngeren Historikern – ein deutliches Mißbehagen, das sich gegen die herkömmliche Biographie richtet, unverkennbar vorhanden, und seit 1945 hat – aufs Ganze gesehen und im Vergleich mit früher – das Interesse der deutschen Geschichtswissenschaft an der Biographie spürbar nachgelassen. Ungeachtet der zahlreichen Veröffentlichungen, die auf diesem Gebiet erschienen sind – und oft handelte es sich dabei um die seit langen Jahren verfolgten Projekte älterer Historiker –, wird man in mancher Hinsicht durchaus von einer Krise der politischen Biographie sprechen dürfen.

Es ist daher keineswegs ein Zufall, daß gerade in der jüngsten Vergangenheit vorzügliche Studien, die in ihrem Titel bedeutende Persönlichkeiten nennen, eine Art Kompromißlösung darstellen, indem sie nämlich, anstatt eine umfassende Biographie anzustreben, nur gewisse biographische Aspekte mit monographischen Sachgesichtspunkten verbinden. Zu nennen sind hier etwa Wolfgang J. Mommsens *Max Weber und die deutsche Politik* und Dietrich Geyers *Lenin in der russischen Sozialdemokratie*, Lothar Galls *Benjamin*

Constants politische Ideenwelt und der deutsche Vormärz und Erich Angermanns *Robert von Mohl* (und dessen Verhältnis zu Rechtsstaat, Sozialer Frage, Staat und Gesellschaft). Darüber hinaus gibt es eine Reihe ähnlich angelegter Arbeiten, denen allen eine gewisse Abneigung, sich ausschließlich im streng biographischen Sinn auf die Entwicklungsgeschichte einer Persönlichkeit zu konzentrieren, gemeinsam ist.[5] Besonders diese Studien schneiden bei einem Vergleich mit den Biographien angelsächsischer Historiker, unter denen die Tradition der biographischen Darstellung nahezu ungebrochen ist, vorteilhaft ab, obwohl von denselben in letzter Zeit nicht wenige wichtige Biographien auch über Persönlichkeiten der deutschen Geschichte verfaßt worden sind.[6]

Doch auch und gerade diese deutschen Arbeiten, die solch einem Kompromiß folgen und die Grenzpflöcke der Biographie zurückversetzen, verweisen indirekt auf die Krise der Biographie, für die es ein Bündel von Ursachen gibt. Die politischen und gesellschaftlichen Erfahrungen der vergangenen Jahrzehnte haben die Gewalt von Sachzwängen in der industriellen Welt, die Macht großer Massenbewegungen in Frieden und Krieg, kurzum: die Durchschlagskraft von Kollektivphänomenen in einem besonderen Ausmaß erwiesen. Von ihnen sind die großen Persönlichkeiten dieser Zeit – »groß« im guten oder schlechten Sinn einer unleugbaren historischen Bedeutung und Wirkung – mitgetragen worden, ohne sie sind ihre rühmlichen oder fatalen Erfolge kaum denkbar. Diese realhistorische Entwicklung hat dem von der Romantik geförderten Persönlichkeits- und Genieideal, aber auch dem oft dogmatisierten Individualitätsprinzip des deutschen Historismus gewissermaßen den Boden entzogen oder ihn doch so unsicher gemacht, daß mancher biographisch interessierte Historiker ihn nicht mehr betreten mag, ganz im Gegensatz zu zahlreichen Historikern der 1920er Jahre, z. B. vielen Schülern Friedrich Meineckes, die eine Biographie der Untersuchung von Sachproblemen vorzogen. Dieser Zusammenhang weist auf erkenntnistheoretische, methodologische Bedenken gegen die herkömmliche politische Biographie hin, auf Einwände, die wiederum eng mit der Krise des »Verstehens«-Begriffs zusammenhängen, wie ihn der klassische deutsche Historismus als hermeneutisches Prinzip entwickelt und begründet hat. Ob das »Verstehen« nämlich strengen wissenschaftstheoretischen Ansprüchen weiterhin ohne andere theoretische Ergänzungen voll genügen kann, ist heftig umstritten und wird von einigen Sozialwissenschaftlern energisch bezweifelt.

Das »Verstehen« ist aus dem aristotelischen Intuitionsbegriff erwachsen, von der theologischen Hermeneutik erstmals systematisch behandelt – man denke an Schleiermachers Theorie der Auslegung – und dann meist mit einem rational nicht ganz erklärbaren Einfühlungsvermögen verbunden worden. Es ist mithin in hohem Maße Ausfluß sensibler Begabung und menschlicher Reife und beruhte überdies in Deutschland stillschweigend auf einigen zunehmend der Kritik ausgesetzten Voraussetzungen, von denen hier nur einige erwähnt seien. Wenn Johann Gustav Droysen, der vielleicht mit dem schärfsten analytischen Verstand über die Probleme des historischen Kerngedankens: »forschend zu verstehen«, reflektiert hat, die Behauptung aufstellte, daß »nichts, was den menschlichen Geist bewegt und sinnlichen Ausdruck gefunden hat, [...] nicht verstanden werden könnte«, dann darf man das heute unter anderem auch als Ausdruck der optimistischen, relativ statischen Anthropologie des Historismus bewerten.[7] Sie war statisch in dem Sinne, daß sie trotz allem Interesse an Evolution eine gleichbleibende Struktur der Empfindungs- und Ausdrucksweisen, der Impulse und des Denkens voraussetzte, wie das auch Burckhardts berühmtes Wort »vom duldenden, strebenden und handelnden Menschen, wie er ist und immer war und sein wird«, ausdrückt. Wahrscheinlich hat die Verstehenslehre die Historizität der Verhaltensweisen und Kategorien menschlichen Denkens doch unterschätzt – so paradox das auch gerade im Hinblick auf den Historismus klingen mag –, andererseits aber ihre Möglichkeiten überschätzt. Wegen ihrer individualistischen Zuspitzung, wegen ihres Zuschnitts auf die bedeutenden historischen Persönlichkeiten hat sie zudem zum Verständnis von Kollektivphänomenen insgesamt nicht nur wenig beigetragen, sondern trotz Droysens Betonung der »sittlichen Mächte« oft deren historische Erfassung geradezu gehemmt. Sie hat, der Kantschen Kategorienlehre ungeachtet, der unhistorischen anthropologischen und erkenntnistheoretischen Auffassung zugeneigt, eine Gleichartigkeit der Denkmuster und Reaktionsweisen über die Jahrhunderte und Jahrtausende hinweg unterstellt. Nicht nur die moderne Kulturanthropologie und Ethnosoziologie haben indessen diese Prämisse fragwürdig und unsicher gemacht, sondern auch die Erfahrungen, die Historiker selber, z. B. aus der Beschäftigung mit höchst fremdartigen Denkweisen, resignierend gewonnen haben (und wie sie ein eminent feinfühliger Historiker wie Johan Huizinga im *Herbst des Mittelalters* beschrieben hat), tauchen ihre beanspruchte allgemeine Gültigkeit in Zweifel.[8]

Der Wert erlernbarer Kenntnisse ist natürlich vom Historismus nie geleugnet worden, doch im Grunde ist das »Verstehen« an die intuitive Begabung und Einsicht, an Talent und Genius, an die Befähigung zum »schöpferischen Akt« (Droysen) des Nachvollziehens, aber auch und vor allem an den Erfahrungshorizont des Historikers stets gebunden gewesen. »Man muß [...] immer schon Horizont haben«, hat Gadamer zu Recht betont, um sich überhaupt »dergestalt in eine Situation versetzen zu können«. Von diesem individuellen Erfahrungshorizont kann das »Bezugssystem« des Historikers, wie Habermas unterstrichen hat, schlechthin »nicht unabhängig sein«. Mit dem Blick auf diesen Zusammenhang hat daher Theodor Mommsen einmal sinngemäß gesagt, daß der Historiker erst mit zunehmendem Alter ein guter Historiker werde, d. h., wenn er im Besitz möglichst vielfältiger menschlicher Erfahrungen ist, die als Grundlage seines Urteils dienen können. Ähnlich drückte sich Dilthey aus, als er den »Ausgangspunkt für das Verständnis« im »Lebensreichtum der einzelnen Individuen selber« erkannte.[9]

Nach Herkunft, Bildungsgang und Lebensumständen werden aber natürlich auch dem Erfahrungshorizont des Historikers gemeinhin deutliche Grenzen gesetzt. Diese begrenzte Weite und Intensität seiner Erfahrungen – das Wort durchaus im weiten Sinn verstanden – bestimmen mit die Selektion, die beim Prozeß des »Verstehens« notwendig stattfindet. Sie bedingen entscheidend das Denken des Historikers in Analogieschlüssen, d. h. er erfaßt einen Ausschnitt aus der Vergangenheit analog zu den Möglichkeiten, die in seinem Erfahrungshorizont eingeschlossen oder dort gespeichert sind. Hier ist selbstredend ein Grundproblem auch der Wissenssoziologie angeschnitten, die ursprünglich vor allem in Deutschland durch Marx und Weber, Mannheim und Scheler die stärksten Impulse empfangen hat. Mit ihren Theorien und Ergebnissen hat sich aber die theoretische Diskussion in der Geschichtswissenschaft noch nicht intensiv genug auseinandergesetzt, was sich nicht zum Vorteil der wissenschaftstheoretischen Klarheit ihrer Position ausgewirkt hat.[10]

Daß der Historiker kraft seiner Ausbildung und Begabung, seiner Phantasie und Selbstdisziplin usw. die Schranken seiner Herkunft und Persönlichkeit transzendieren kann, trifft sicher manchmal zu. Daß es ihm oft oder gar in der Regel gelinge, ist wohl eine Täuschung. Daß er es aber können sollte, bleibt das Postulat der Geschichte als Wissenschaft. Hier vor allem werden weitere Überlegungen zu ihrer Theorie einzusetzen haben.

Schließlich setzte auch das »Verstehen« insgeheim eine har-

monische Übereinstimmung mit einigen als vorwaltend auf-
gefaßten Grundtendenzen des 19. Jahrhunderts voraus. Der
mit nicht allzu starker Skepsis versetzte Glaube an einen
stetigen menschlichen Fortschritt, an die Segnungen des
liberalen Nationalstaats und einer sich in ihm entfaltenden
reichen Kultur, färbte fast die gesamte Geschichtsschreibung
des deutschen Historismus, er gestattete es dem »verstehen-
den« Historiker, sich im Einverständnis mit der Kontinuität
der jüngsten Entwicklung seines Kulturkreises zu bewegen.
Dieses innere Scharnier zwischen Wissenschaftstheorie und
Zeitverständnis ist in Deutschland durch den Ersten Weltkrieg, spätestens jedoch durch die Erfahrungen seit 1933
gesprengt worden, obwohl es eine Übertreibung wäre zu
behaupten, daß daraus allenthalben auch die Konsequenzen
für die Methodologie des Historikers gezogen worden seien.
Seither sind oft Zweifel, Skepsis und Unsicherheit an die
Stelle der Selbstsicherheit und der ehemals selbstverständli-
chen Wertmaßstäbe – seien es nun die verfassungs- oder die
gesellschaftspolitischen – getreten. Zumindest ist der opti-
mistische Grundton, der früher meist beim »Verstehen« mit-
schwang, gedämpft worden. Wenn zuvor Kontinuität in
gleichsam aufsteigender Linie alles prägte, so warf die
Erfahrung mit dem Nationalsozialismus die Frage nach der
Kontinuität mit der neueren Geschichte in beispielloser
Schärfe auf. Die Diskussion über diese Kontinuität hat erst
kürzlich wieder neu begonnen. Sie wird, wie es scheint, die
Kategorie der Diskontinuität nicht als zentral anerkennen,
aber mit größerer Aussicht auf Klärung der Probleme vorangetrieben werden können, wenn auch explizit Theorien
der sozialökonomischen Entwicklung, der politischen Herrschaft und der sozialpsychischen Auswirkungen des gesellschaftlichen und politischen Systems zugrunde gelegt werden anstatt allein beim herkömmlichen »Verstehen« mit seiner Bindung an den individuellen Erfahrungshorizont zu
verharren.

Nachdem die idealistische Individualitätsphilosophie ihre ehemals verbindliche Überzeugungskraft verloren hat und die wissenschaftstheoretischen Grundlagen der biographischen Geschichtsschreibung brüchig geworden sind, sozialwissenschaftliche Ansätze aber von der deutschen Geschichtsschreibung noch nicht methodisch auf ihre Tragfähigkeit hin überprüft, geschweige denn rezipiert worden sind, mangelt es zur Zeit der Biographie an einem sicheren Fundament. Sie bleibt eben deshalb oft in positivistischer Stoffbewältigung und narrativer Ereignisgeschichte stecken. Der Rat, die traditionelle Hermeneutik durch »die« Dialektik zu ersetzen, scheint insofern nur sehr begrenzten Wert zu haben, als auch diese Methode keineswegs auf das Verstehen der Entwicklungsgeschichte dialektischer Spannungen und Widersprüche verzichten kann; auch sie führt sofort auf die Problematik der Verstehenslehre im Sinn des Historismus zurück.

Wenn dieser Sachverhalt zwar äußerst knapp umrissen, aber zutreffend beschrieben worden sein sollte, dann wird man die Forderung, daß außer der Menschenkenntnis des Alltags, außer Intuition und Einfühlungsvermögen, die natürlich in jeder Sozialwissenschaft immer ihren Wert behalten werden, auch die Theorien und Ergebnisse der wissenschaftlichen Psychologie und Psychoanalyse zum »Werkzeug des Historikers« gehören sollten, schwerlich abweisen können. Hier bieten sich Gelegenheiten einer strengeren intersubjektiven Kontrolle, wie es im Wissenschaftsdeutsch heißt, in einem höheren Maße, als es allein bei intuitivem Nachempfinden möglich ist. Zu dem naheliegenden Einwand, daß die Kontrolle durch die Quellen hinreichend Sicherheit und Schutz gegen allzu subjektive Verzerrung gewährleiste, ist zu sagen, daß die Quellen auf unterschiedliche Fragen durchaus verschiedene Antworten geben; sie sind – wie menschliche Handlungen – fast nie eindeutig, sondern überdeterminiert und daher vieldeutig.

Freilich können die Psychoanalyse und die Sozialpsychologie die bisher entwickelte Verstehenslehre keineswegs ganz verdrängen, wohl aber dort partiell ergänzen, wo sie für ein bestimmtes Forschungsfeld bewährte Theorien und Untersuchungstechniken zur Verfügung stellen. Sie geben einige zusätzliche und manchmal bessere Erklärungshilfen, bieten aber keineswegs einen Ersatz für alle anderen. Zusammen mit anderen Sozialwissenschaften sollen sie durch rational kontrollierbare und lehrbare Theorien den Ermessensspielraum des subjektiven Nachempfindens und intuitiven Verstehens einengen und zugleich den individuellen Erfahrungshorizont durch ihre allgemeinen Theorien erweitern, um dem Historiker einen entscheidenden Schritt, das Transzendieren seines Erfahrungshorizonts, methodisch gesichert zu erleichtern.

Mit Hilfe des »Verstehens« hat er schon immer aus diesem Erfahrungshorizont heraus von einer bruchstückhaften Überlieferung auf größere Zusammenhänge geschlossen und – zumindest implizit – gleichzeitig durch das »Verstehen« eine Erklärung historischer Abläufe angeboten. Wenn solche Fragmente in eine psychologische Theorie passen, so vermag diese Theorie allgemeine, nicht nur an einen individuellen Erfahrungshorizont gebundene Ergänzungen und zugleich Erklärungen beizusteuern. Allgemein gilt hier, daß der fundamentale Unterschied zwischen dem Sinn, an dem der Handelnde sich orientiert hat (und der durch das »Verstehen« aus den Quellen erschlossen werden soll), und demjenigen Sinn, den Handlungen unter den verschiedenen theoretischen Gesichtspunkten von heute für den Wissenschaftler annehmen können, auch von der Geschichtswissenschaft noch weit schärfer als bisher zu beachten ist. So mögen z. B. die Zeitgenossen in der Debatte zwischen Freihändlern und Schutzzöllnern in den 1870er Jahren vor allem Probleme der Handelspolitik und des begehrten oder abgelehnten Schutzes der »nationalen

Arbeit« gesehen haben, während sich heute dieser Diskussion mit Hilfe von Theorien des wirtschaftlichen Wachstums und der »Modernisierung« neue Aspekte abgewinnen lassen, die dem herkömmlichen »Verstehen« verschlossen bleiben.

In Deutschland hat jedoch, soweit ich zu sehen vermag, eine eingehende Diskussion über die Forschungshilfe, die die Psychoanalyse und Sozialpsychologie der Geschichtswissenschaft leisten können, kaum begonnen, wie ja ähnlich eine Auseinandersetzung mit der Wirtschaftswissenschaft, auch mit der Historischen Ökonometrie, noch fehlt und die Diskussion über die Soziologie nur zögernd vorankommt. Diese Sozialwissenschaften müssen theoretisch und empirisch daraufhin überprüft werden, wo und wie sie historischen Studien methodologische Sicherheit und vertiefte Erkenntnisse ermöglichen.[11]

Was die Psychoanalyse angeht, so steht die Geschichtswissenschaft zur Zeit notwendigerweise in einem ambivalenten, wenn man so will: dialektischen Verhältnis zu ihr. Einmal sollte sie bestimmte Elemente wegen des theoretischen und praktischen Vorteils rezipieren, sodann aber zugleich übertriebene Ansprüche der Psychoanalyse korrigieren. Die Geschichtswissenschaft besitzt hier eine Überlegenheit, welche die Psychoanalyse durchaus von ihr abhängig sein läßt. Darauf wird gleich einzugehen sein.

Spätestens hier wird wohl die Frage eingeworfen werden, ob denn wirklich solche Bemühungen neue und wichtige Erkenntnisse zutage fördern, ob sie weiterhelfen können, ob das Ergebnis den hohen Aufwand lohnt, denn konkret wird hier ein Doppelstudium, das in beiden Fächern langwierige Bildungsprozesse und mühsame Einübung erfordert, notwendig sein. Was springt dabei für uns heraus, heißt es, wenn wir uns der Interpretation einer konkreten politischen Entscheidung gegenüberstehen? Auch wenn diese Frage aus einem konservativen Vorbehalt gegenüber benachbarten sozialwissenschaftlichen Disziplinen erwachsen sollte, so berührt sie doch den springenden Punkt. Es kann für den Historiker in der Tat weder darum gehen, dem oft naiven Fächerimperialismus gewisser Sozialwissenschaften bereitwillig nachzugeben, die namentlich in den Vereinigten Staaten die Geschichte allenfalls als eine Art Fossil aus der Dinosaurierzeit der »wahren« Wissenschaft dulden wollen; noch geht es an, sich aus Scheu vor dem Vorwurf, der Historiker beuge sich hier fragwürdigen modischen Interessen, hinter altvertrauten Methoden zu verschanzen, vielmehr muß dem Historiker in erster Linie daran gelegen sein, angesichts der skizzierten Unsicherheit die Unterstützung anderer Sozialwissenschaften zu gewinnen, neue erfolgversprechende Theorien in seine Forschungskonzeptionen aufzunehmen, um historische Prozesse und Persönlichkeiten besser verstehen zu können, damit die Geschichtswissenschaft aus der Vergangenheit heraus der Gegenwart bei der Bewältigung ihrer Probleme helfen kann, denn als Magistra Vitae kann sie sich der »Pflicht politischer Pädagogik«, wie es Th. Mommsen formuliert hat, theoretisch und praktisch nicht entziehen.[12]

Die Hemmungen, die bisher auf seiten der Historiker einer solchen sachlichen Auseinandersetzung mit der Psychoanalyse entgegengestanden haben, kann man unschwer erklären. Sie entsprangen zum Teil dem Widerstreben, mit einem vermeintlich und oft auch tatsächlich mechanistischen Erklärungsmodell zu arbeiten, einem biologistischen, deterministischen Denken zu folgen, sich auf die häufig allzu kühnen Konstruktionen der frühen und auch noch der gegenwärtigen Psychoanalyse zu verlassen. Oder auch: Wenn die Psychoanalyse in gewisser Hinsicht (und jedenfalls Freuds Intention nach) einen weiteren Landgewinn auf dem Vormarsch der positivistischen Wissenschaft bedeutete, dann übertrug keineswegs nur die deutsche Geschichtswissenschaft, die in der Verstehenslehre ihre eigene – wie sie glaubte: zuverlässige, erprobte und vor allem vertraute – psychologische Methode zu besitzen schien, ihre tief verwurzelte und oft aufs neue bekräftigte Abneigung gegen »den« Positivismus auch auf die Psychoanalyse. Vielleicht erschien es auch manchem Historiker als Sakrileg, das »Individuum ineffabile« auf den Seziertisch oder vielmehr auf die Couch der Psychoanalyse zu zitieren. Wie dem auch immer sein mag, der beginnende Siegeszug der Lehren Sigmund Freuds fiel in Deutschland mit der Spätblüte des Historismus zusammen. Die Psychoanalyse war und ist selber eine historische Wissenschaft in dem Sinne, daß sie aus der Lebensgeschichte der Individuen die Grundlagen ihrer Diagnose und Therapie gewinnt. Historikern und Psychoanalytikern ist gemeinsam, daß sie selber gewissermaßen das Instrument des Verstehens – sei es eines historischen Individuums oder eines Patienten – darstellen. Der Verstehensbegriff der Psychoanalyse ist mit dem auf Erfassung intentionalen Handelns gerichteten »Verstehen« des Historismus eng verwandt. »Freuds Konzept des unbewußten Motivs erlaubt eine Erweiterung des subjektiv sinnverstehenden Ansatzes, ohne daß dabei die Intentionalität des Verhaltens ignoriert werden müßte. Die symbolischen Chiffren des Unterbewußtseins müssen gleichsam nur erst entziffert und die zugrundeliegende, nur zeitweilig verschleierte Intentionalität muß in ihnen aufgedeckt werden.« »Unbewußte Motive haben, wie die bewußten, die Form interpretierter Bedürfnisse; sie sind deshalb in symbolischen Zusammenhängen gegeben und können hermeneutisch verstanden werden« (Habermas). Andererseits gibt es für beide Wissenschaften ähnliche Gefahren. Was immer auch von Freud an Gesellschaftstheorie und Soziologie mitgedacht worden sein mag: Wie im Historismus das Individualitätsprinzip kanonisiert wurde, so förderte Freuds Lehre einen atomistischen Individualismus, denn jeweils den Einzelnen galt es von seelischen Krankheiten, die vielleicht erst gesellschaftliche

Widersprüche in ihm erzeugt hatten, zu heilen. Wie die Ideengeschichte dem komplizierten Geistesleben der großen Einzelnen nachspürte, so verfolgte die Psychoanalyse zumeist die individuellen psychischen Konflikte. Und wie der Historismus die Historizität mancher seiner Kategorien zu übersehen geneigt war, so vermaß Freud als erster die Terra incognita der Psyche des Wiener Fin-de-Siècle-Bürgertums und verallgemeinerte seine Ergebnisse zu einer Modelltheorie für alle Menschen, da das Unbewußte scheinbar ohne Rücksicht auf die historische Zeit stets durch dieselben Probleme bewegt wurde. Wiederholung, nicht neue Entwicklung stand dabei im Mittelpunkt. Hier hat denn auch inzwischen die Kritik angesetzt; Theodor W. Adorno, Herbert Marcuse u. a. haben die gesellschaftlich bedingten Veränderungen, die durch die tradierten theoretischen Begriffe Freuds (z. B. Ich, Über-Ich, Es) vielleicht garnicht mehr adäquat erfaßt werden, hervorgehoben.[13]

Berührungspunkte und Verbindungslinien zwischen Geschichtswissenschaft und Psychoanalyse gab und gibt es also, und heute wird der Historiker vielleicht unbefangener Theorien oder theoretische Elemente der Psychoanalyse verwerten können, wenn er sich z. B. mit einem seiner traditionellen Kardinalprobleme: den Handlungsmotiven der historischen Persönlichkeiten, beschäftigt. Bestimmte Grundbegriffe und die aus ihnen entwickelten speziellen Theorien wie Repression, Identifikation, Projektion, Substitution, Sublimierung, Verdrängung und Versagung, ausgeweitet zur Frustrationslehre, jetzt auch Eriksons einflußreiche Identitätstheorie, die offensichtlich nicht nur individualpsychologischen, sondern auch sozialpsychologischen Wert besitzt (Entwicklungsländer auf der Suche nach ihrer »nationalen Identität«), vermögen, behutsam angewandt, neue Dimensionen des Verständnisses, in die die herkömmliche Methode des historistischen Verstehens noch nicht hinreichend einführte, zu erschließen.[14]

Diese Behauptung hängt natürlich – das duldet keinen Zweifel – von der erfolgreichen Probe aufs Exempel ab. Aber inzwischen liegen mehrere solcher Proben, streckenweise von durchaus eindrucksvoller Ausführung, vor. Einige Bücher und Aufsätze sind hier vor allem zu erwähnen. Wer Erik H. Eriksons außerhalb Deutschlands vieldiskutierte psychoanalytisch-historische Studie über den ›jungen Luther‹ (von 1483 bis 1513/17) und das Gandhi-Buch desselben Verfassers, Lewis J. Edingers *Studie über Persönlichkeit und Politisches Verhalten von Kurt Schumacher* und die Persönlichkeitsstudie von Alexander L. und Juliette George über *Woodrow Wilson und Colonel House* gelesen hat, wird m. E. trotz aller Einwände, die im grundsätzlichen und gewiß im einzelnen möglich und sogar notwendig sind, zugestehen, daß die Spannweite unseres Verständnisses dieser Männer ausgedehnt worden ist, daß die verfeinerten analytischen Methoden einige seit langem umstrittene Probleme einleuchtender als bisher erklärt haben, daß durch diese Interpretation der Horizont unseres Verstehens erweitert worden ist. Vor allem Erikson hat die Analyse somatischer, psychischer und sozialer Prozesse eindrucksvoll miteinander verbunden, um Luthers Identitätskrise bzw. Gandhis Entwicklungsgang verständlich zu machen.[15]

Ähnlich wie diese Bücher haben kleinere Untersuchungen über Benjamin Franklin und Sir Henry Clinton, über William James, James Mill und Mahatma Gandhi, aber auch exemplarische Studien über Sparta und Napoleons Große Armee von 1812, über die »Frontier«-Theorie in der amerikanischen Geschichtsschreibung und vor allem die Psychoanalyse des Antisemitismus gezeigt, daß diese Theorien für die Geschichtswissenschaft fruchtbar gemacht werden können. Obwohl Interview und freies Assoziieren nirgends mehr möglich waren, zeigen diese Forschungen, was sich mit Hilfe von psychoanalytischen Kategorien und Theorien in bekanntem Quellenmaterial an Neuem noch entdecken läßt.[16]

Unverkennbar liegt der Wert dieser Theorien zunächst einmal darin, daß die Biographien bedeutender Individuen vertieft und bereichert werden. Was bei der Verwendung des herkömmlichen Verstehensbegriffs widersprüchlich, ja vielleicht unerklärbar schien, kann die Psychoanalyse (z. B. im Hinblick auf Symbole) als in sich durchaus stimmig und rational erklärbar darstellen, wie Stuart Hughes am Beispiel eines der pazifistischen Linken entstammenden kriegstechnischen Managers (der einerseits die Effizienz seiner Behörde durch stets umfassendere Pläne zur militärischen Reorganisation fördern sollte und wollte, sie aber andererseits dadurch unbewußt blockierte) eindringlich gezeigt hat. Beschränkt man sich nicht nur auf die singulären Figuren der Geschichte, so bietet sich die weit mehr versprechende Möglichkeit, eine gewissermaßen durchschnittliche Persönlichkeit, die »Modal Personality«, zu analysieren, das für ihre Zeit Typische, Repräsentative herauszuarbeiten und durch intensive vergleichende Studien allmählich auf das Gebiet der analytischen Sozialpsychologie hinüberzutreten, mithin kollektiven psychischen Phänomenen nachzuspüren. Hier wird man an Alexander Mitscherlichs Untersuchungen denken, wo sich diese Stadien deutlich verfolgen lassen. Übrigens hat auch Erikson in seinem Luther-Buch durchaus eine repräsentative Konfliktlösung vorgeschwebt, die eben deshalb für Luthers Generation wichtig werden konnte. Man kann eine Art Sozialcharakter konstruieren, wie er im Grunde schon von den älteren Studien über den Nationalcharakter beschrieben werden sollte.[17] In diesem Sinn ist die bereits erwähnte Studie über Sparta, aber auch William L. Langers Skizze über die massenwirksame Reaktion auf die Epidemien des hohen Mittelalters zu verstehen: auf Pest und Typhus, Syphilis und Grippe, nachdem Westeuropa vom 6. bis zum 14. Jahrhundert von größeren Seuchen verschont geblieben zu sein scheint! Langers Befund wird sowohl durch das Urteil des Göttinger Agrarhistorikers Wil-

helm Abel über die psychischen Ursachen des Bevölkerungs-
schwunds in dieser Zeit als auch durch Norman Cohns
Forschungen über die chiliastischen Strömungen, den »revo-
lutionären Messianismus«, im 14. bis 16. Jahrhundert
ergänzt. Dieser Zusammenhang von Epidemien und mas-
senpsychotischen Erscheinungen, von ökonomischer Krise
und gesellschaftlicher Umschichtung, unsicherer Lebensge-
staltung und Lebenserwartung kann, wie es scheint, überhaupt nur mit Hilfe einer Kombination von historischen,
sozialökonomischen, religionsgeschichtlichen, medizini-
schen und psychologischen Theorien erfaßt werden.[18]
Ähnlich könnten von der Geschichtswissenschaft, wenn sie
solche psychologischen Theorien nicht scheut, wahrscheinlich Kollektivmentalitäten bzw. Sozialcharaktere der roman-
tischen Intellektuellen, die Karl Mannheim als erste Unter-
suchungsgruppe seiner wissenssoziologischen Forschungen
ausgewählt hat, des preußischen Offizierkorps, der sozial-
demokratischen Arbeiterbewegung, aber auch des modernen politischen Katholizismus und des Nationalsozialismus
erschlossen werden, wofür bereits eine Fülle von Vorarbei-
ten zur Verfügung stehen, die der erneuten Interpretation
bedürften. Die Verbindung mit der soziologischen Forschung über »Sozialprofile« bestimmter Gesellschaftsgrup-
pen (z. B. der deutschen Eliten in Politik, Wirtschaft und
Verwaltung) ließe sich unschwer herstellen.[19]
Mit diesen Hinweisen auf die analytische Sozialpsychologie ist freilich ein grundsätzliches Problem angedeutet. Was
die Geschichtsschreibung im traditionellen Sinn mit der herkömmlichen Psychoanalyse verbindet: historisches Individualitätsprinzip und individualistische Theorie, trennt
heute die individualpsychologische Psychoanalyse von der
modernen Geschichtswissenschaft, die – zumeist bewußt
und absichtlich – die allzu engen, hemmenden Grenzen des
als ungenügend erkannten Individualitätsaxioms über-
schreitet, ihr Interesse der Gesellschaft und Wirtschaft, den

Institutionen und Organisationen, der Strukturgeschichte und dem Vergleich zuwendet. Sie vollzieht damit den real-historischen Prozeß: die sozialökonomische Entwicklung der Industriellen Welt und das Zusammenwachsen der Staaten zu *einem* wirtschaftlichen und politischen Aktionsfeld nach. Auf den Gewinn, den diese allmähliche Schwerpunkt-verlagerung bedeutet, darf keinesfalls wieder verzichtet werden. Würde aber von den verschiedenen sozialwissen-schaftlichen Theorien, die den Erfahrungshorizont des Historikers erweitern sollen, bevorzugt oder gar ausschließ-lich eine individualistische Psychoanalyse herangezogen, dann würden in mancher Hinsicht Probleme, die die über-lieferte personalistische Verstehenslehre aufgeworfen hat, nur verlagert bzw. auf einer anderen Ebene reproduziert. Wahr-scheinlich, von der theoretischen Ausgangsposition her sogar mit einer gewissen Zwangsläufigkeit, würden erneut vermeint-lich individuelle Handlungsmotive im Vordergrund stehen. Deshalb würde, worauf oben hingewiesen worden ist, vor-nehmlich die Biographie von dieser Theorie profitieren.

Nun kann man zwar einräumen, daß für viele Historiker die jeweils vom Einzelnen mitbedingte Wahl der sozialen und politischen Rollen, jener individuelle Raster, durch den der Handelnde gleichsam nur bestimmte Elemente einer Ent-scheidungssituation aufnimmt und der bei der Wahl zwi-schen Alternativen den Ausschlag mit vorzeichnet, von hohem Interesse bleiben wird, wobei das Problem der ratio-nal nie restlos erklärbaren genialen Begabung einmal außer acht bleiben muß, und die Studien von Erikson und Edinger beispielsweise haben diesen Bereich individueller Vorent-scheidungen sicher heller ausgeleuchtet. Aber es ließe sich behaupten, daß die Suche nach den häufig eben nur vermeintlich individuellen Motiven sowohl ein älteres Wis-senschaftsinteresse ausdrückt, als auch einer umstrittenen Theorie im engeren Sinn und einem fragwürdig gewordenen allgemeinen Geschichtsverständnis verpflichtet ist.

Programmatisch kann man dagegen fordern, daß individuelle Motive gegenwärtig gar nicht im Zentrum des Interesses stehen sollten, da die gesellschaftlich-politischen Antriebskräfte und Zwänge aufzudecken sowohl wissenschaftlich wichtiger und reizvoller als auch von der »politischen Pädagogik« her geboten ist. Nicht Hitlers individuelle Psychopathologie ist das eigentliche Problem, sondern der Zustand einer Gesellschaft, die ihn aufsteigen und bis zum April 1945 herrschen ließ. Nicht Bismarcks Machttrieb wirft die vordinglichen Fragen auf, sondern die Auswirkungen der Industrialisierung auf die Gesellschaft und Politik des Kaiserreichs von 1871 besitzen, auch für sein Entscheidungshandeln, vorrangige Bedeutung. Nicht die Persönlichkeitsstruktur des einzelnen Antisemiten sollte das Forschungsinteresse auf sich ziehen, sondern der politische Antisemitismus als schichtenspezifische Reaktion bestimmter sozialer Gruppen (z. B. im deutschen Mittelstand seit den 1870er Jahren) auf den Industrialisierungsprozeß, da die sozialökonomischen Veränderungen mit ihrem Status-, Prestige- und Einkommensverlust in den Einzelnen die Labilität, emotionelle Störung und Suche nach Sündenböcken ausgelöst haben, die zu den Voraussetzungen des öffentlich wirksamen politischen Antisemitismus gehörten. Kurzum, die historische Forschung sollte auf die gesellschaftlichen Motive und Einflüsse, nicht jedoch auf die individuellen Motive zielen. Deshalb besitzt die analytische Sozialpsychologie für den Historiker ungleich größere Bedeutung als die Individualanalyse. Dort aber, wo diese unabweislich notwendig erscheint, sollte er sich nicht mehr mit dem herkömmlichen »Verstehen« begnügen, sondern die Möglichkeiten der wissenschaftlichen Psychologie ausnutzen – wenn schon Biographie, dann auch mit Hilfe der Psychoanalyse.

Da es sowohl das Interesse des Historikers an Gesellschaft, Wirtschaft und Politik erfordert als auch gerade die analytische Sozialpsychologie in ganz hohem Maße von den Ergebnissen einer kritischen Gesellschaftsgeschichte abhängig ist, läßt sich argumentieren, daß moderne soziologische und ökonomische Theorien (z. B. der Mobilität und des wirtschaftlichen Wachstums) für den Historiker im allgemeinen den Vorrang besitzen, auf jeden Fall ist ihre Kenntnis und Anwendung vordringlicher als die der individual-psychologischen Theorien. Es ist auch kein sekundäres, da für die Ökonomie der Forschung wichtiges Moment, daß sich ökonomische und soziologische Theorien schneller erlernen und in der Praxis historischer Untersuchungen handhaben lassen als psychoanalytische Kenntnisse, die ungleich mühsamere und länger währende Bildungsprozesse erfordern.[20]

Inzwischen sieht sich der »Psychologismus jeglicher Gestalt«, jener »umstandslose Ansatz beim Individuum«, wie ihn Adorno bei einigen Schulen der Psychoanalyse kritisiert hat, dem Vorwurf der »Ideologie« ausgesetzt, die die gesellschaftlichen Bedingungen individueller Existenz, sei es aus Engstirnigkeit, sei es aus künstlicher Abstraktion, ignoriert.[21] Diese berechtigte und für die Geschichtswissenschaft unmittelbar relevante Kritik ist in folgendem Zusammenhang begründet, der das vertraute Problem der »Verschränkung« von Individuum und Gesellschaft, wie es Th. Litt bezeichnet hat, umfaßt: In den Sozialisationsprozessen verinnerlicht der Einzelne die durch Eltern, Schule, Altersgenossen usw. vermittelten Normen, die sein Verhalten steuern und seine Triebe in die durch Tradition und Konvention legitimierten Bahnen leiten. Als Über-Ich, Gewissen usw. installiert die Gesellschaft in ihm Leitvorrichtungen, sie gibt dieser Kontrollinstanz einen Katalog von Vorschriften mit, sie prämiiert bestimmte Antriebsstrukturen mit bestimmten Zielvorstellungen und die Erfüllung von bestimmten Rollenerwartungen. Deshalb realisieren sich auch »die geschichtlichen Tendenzen« nicht nur gegen die Individuen, »sondern in und mit ihnen«, und insofern wären »in der Tat die Neurosen der Form nach aus der

Struktur der Gesellschaft abzuleiten«, denn die »gesellschaftlich irrationale Konsequenz wird auch individuell irrational«, wie sich z. B. in den bekannten Untersuchungen von Hollingshead und Redlich über den Zusammenhang von Sozialstruktur und seelischen Krankheiten, aber auch in Arbeiten über den Antisemitismus zeigen läßt. Eine analytische Sozialpsychologie sucht demnach »in dem tiefsten Mechanismus des Einzelmenschen bestimmende gesellschaftliche Kräfte aufzudecken«. Gegen den monadologischen Psychologismus und den individualistischen Historismus gilt es der grundlegenden Einsicht Geltung zu verschaffen, daß »eine gegebene Sozialstruktur spezifische psychologische Tendenzen auswählt und nicht etwa ›ausdrückt‹«. Die Auffassung, daß individualpsychische Konflikte soziale Institutionen »schaffen«, verfehlt die Lebenswelt des Menschen als soziales Wesen ebenso wie das Robinson-Modell der Vulgärökonomie die Realität einer stets gesellschaftlichen Wirtschaft.[22]

Hier handelt es sich um Fragen, auf die hin seit geraumer Zeit die Interessen der modernen Geschichtswissenschaft wie überhaupt derjenigen Sozialwissenschaften zusammenlaufen, die sich entweder des »Problems der Gegenwart als geschichtliches Problem« (G. Lukács) bewußt geblieben sind und diese Einsicht nicht gegen die verkürzten Theorien des ahistorischen neopositivistischen Empirizismus eingetauscht haben oder Habermas' Appell zugunsten einer »Rehistorisierung der Gesellschaftsanalyse« zu folgen bereit sind. So werden Geschichte, Soziologie und Psychologie – am besten alle gemeinsam, wie das manche Forschungen gezeigt haben – den Charakter der Gesellschaft, in der der Einzelne aufgewachsen ist und sein Leben zubrachte oder zubringt, möglichst realitätsnah zu analysieren haben. Nur so kann jener Kranz äußerer und ideeller Lebensbedingungen erfaßt werden, aus denen spezifische Elemente ausgewählt und im Prozeß der Verinnerlichung zum Bestand der sozialkulturellen

Persönlichkeit geworden sind, an der vieles dem analytischen (und therapeutischen) Bemühen einer Psychoanalyse, die allein auf eine »atomistisch isolierte Triebdynamik« gerichtet ist, rätselhaft bleiben muß. Eine derart eng verstandene Individualpsychologie verdient in der Tat den Vorwurf des Historikers, daß sie angesichts seiner vordringlichen Interessen für ihn meist irrelevant, ja sogar reaktionär ist.[23] Auch unter solchen Gesichtspunkten wird der Vorrang der Gesellschaftsgeschichte vor der Individualpsychologie evident. Anstatt die Befürchtungen von Historikern zu bestätigen, daß die Berücksichtigung der Psychoanalyse ihren Wirkungsbereich ungebührlich verändern könne, bestätigt im Gegenteil die gesellschaftliche Prägung des Einzelnen und seiner Psyche, aber auch der Gruppen und ihrer Kollektivmentalität die grundlegende Bedeutung der Geschichtswissenschaft (oder einer historischen Soziologie), die die vorgegebene Sozialstruktur erst angemessen analysieren kann. Vor allem kann nur die Geschichtswissenschaft, zusammen mit der Soziologie und Wirtschaftswissenschaft, jene »Sachzwänge« oder vorgegebenen Entscheidungssituationen bloßlegen, die zunächst unabhängig vom Einfluß eines führenden Politikers, Großindustriellen usw. entstehen. So sind z. B. die drei Weltwirtschaftskrisen von 1857, 1873 und 1929 ohne jedes Dazutun der Ministerpräsidenten Manteuffel und Bismarck und des Reichskanzlers Müller über Deutschland hereingebrochen. Die individuelle Reaktion des Politikers wurde erst herausgefordert, als der Druck der Sachlage ihm abverlangte, einen von verschiedenen möglichen Wegen einzuschlagen. Dieser gleichsam objektiven Herausforderung kann eine monadologische Psychoanalyse gar nicht oder nur höchst verkürzt, indem sie dieselbe als vage Vorbedingung in ihre Daten mit hineinnimmt, gewahr werden. Sogar ein theoretisch so umsichtig vorgehender Wissenschaftler wie Edinger hat Kurt Schumachers Entscheidungen bisweilen unzulässig einseitig auf die Persönlichkeitsbedürfnisse und die Rollenanforderungen des SPD-Vorsitzenden zurückgeführt, ohne der Macht der Zeitverhältnisse – Rankes »Zug der Dinge« –, mithin der sozialökonomischen und politischen Konstellation von 1945 bis 1952, ohne dem Sog konkreter Entscheidungslagen, auf die der Politiker meist reagiert, das gebührende Gewicht beizumessen. Man kann also sagen, daß der Wert psychoanalytisch erweiterter Biographien und sozialpsychologisch-historischer Gruppenstudien gerade davon abhängt, inwieweit sie diese geschichtlichen Bedingungen berücksichtigt haben. Wenn ihre Verfasser sie nicht stets im Auge behalten, erliegen sie leicht der Gefahr einer monokausalen Erklärung, die zudem auf einem reduktionistischen Irrtum, auf der Fiktion von der ausschlaggebenden Bedeutung der psychischen Persönlichkeitsstruktur für das Entscheidungshandeln, beruht. Die Psychoanalyse kann helfen, die Bedeutung eines Ereignisses für ein Individuum zu klären, aber sie kann das Ereignis selbst nicht erklären.

Auch kann die Psychoanalyse nicht selbst eine kritische Theorie der Gesellschaft, deren Probleme sie im einzelnen wiederfindet, entwickeln. Sie hat sich, wie manche Neofreudianer bestätigen, bisweilen dazu verführen lassen, die Anpassung an die vorgegebene Gesellschaft, der sich das Individuum ungeachtet des irrationalen Charakters zahlreicher gesellschaftlicher Anforderungen zu beugen habe, als Ziel ihrer willfährigen Theorie zu postulieren. »Adjustment« wird dann die Parole, obwohl doch gerade der nicht angepaßte, als neurotisch verketzerte Einzelne in einer Gesellschaft mit irrationalen Ansprüchen an ihn der »eigentlich Gesunde« sein kann.[24] Eine kritische Gesellschaftstheorie aber, deren normative Maßstäbe natürlich explizit darzulegen sind – jene theoretische Anstrengung mithin, um mit Horkheimer zu sprechen, die mit dem Interesse an einer vernünftig organisierten zukünftigen Gesellschaft die vergangene und die gegenwärtige kritisch durchleuchtet, da

sonst, ohne konkrete Utopie, der Hoffnung auf eine grundlegende Verbesserung der menschlichen Existenz der Grund
entzogen würde –, eine solche kritische Theorie muß die
Psychoanalyse übernehmen oder ablehnen. Sie sollte freilich
auch den Untersuchungen der Gesellschaftsgeschichte, auf
deren Ergebnissen die Psychoanalyse und erst recht die analytische Sozialpsychologie angewiesen sind, zugrunde liegen, denn die historische Erfahrung hat inzwischen gelehrt,
daß die Verstehenslehre des Historismus in der Regel den
gesellschaftlich-politischen Status quo bestätigt hat. Diesen
konservativ-affirmativen Charakter zumindest hat sie mit
der neopositivistischen Soziologie und deren Wissenschaftslehre gemein. In ihrer traditionellen Form ließe die hermeneutische Theorie der Geschichtswissenschaft der Psychoanalyse wohl nur die Anpassung übrig. Erst mit Hilfe einer
kritischen Theorie kann die Gesellschaftsgeschichte die
Widersprüche und Spannungen aufdecken, mit denen Einzelne und Gruppen nicht nur in Politik und Beruf zu
kämpfen haben, sondern die sie auch, als verinnerlichte
Konflikte, in sich selber austragen. Auch die Beschäftigung
mit einigen Problemen des Verhältnisses von Geschichtswissenschaft und Psychoanalyse bekräftigt daher den Primat
einer kritischen Gesellschaftsgeschichte, deren Vordring-
lichkeit eine ihrer Grenzen bewußte Psychoanalyse und
analytische Sozialpsychologie seit Jahren immer wieder eingeräumt hat.[25]

Anmerkungen »Geschichte und Psychoanalyse«

1 So etwa C. Stern (*Die Zeit*, 16. 12. 1966, 27) in einer hierfür charakteristischen Formulierung; vgl. dies., *W. Ulbricht*, Köln 1964, Vorw. – In England: J. H. Plumb, *Men and Places*, Harmondsworth 1966, 241, 244 ff. – Es wird im folgenden ausführlicher auf die Literatur hingewiesen, um die Beschäftigung mit den Fragen, die das Verhältnis von Geschichtswissenschaft und Psychoanalyse aufwirft, zu erleichtern. An Abkürzungen werden verwendet: *AHR = American Historical Review; HT = History and Theory; IESS = International Encyclopaedia of the Social Sciences; JCH = Journal of Contemporary History; PQ = Psychoanalytic Quarterly; PR = Psychoanalytic Review; WP = World Politics.*

2 R. Wittram, *Peter I., Zar u. Kaiser*, 2 Bde., Göttingen 1964 (die bisher eindringlichste Rez. stammt von D. Geyer, *Jahrbücher für Geschichte Osteuropas* 13, 1965, 161-73); H. R. v. Srbik, *Metternich*, 3 Bde., München 1954/1960³; G. Ritter, *Stein*, 2 Bde., Stuttgart 1931 (in einem Bd. 1958³; vgl. K. Epstein, *Stein in German Historiography*, in: *HT* 5, 1966, 241-174); E. Eyck, *Bismarck*, 3 Bde., Zürich 1941/44, 1963² (die deutsche Geschichtswissenschaft hat, wie man ihrer Kritik an Eyck vorhalten darf, bisher noch nichts Besseres entgegenzusetzen; vgl. jetzt die fundierte, kritische, aber eigentlich keine neuen Gesichtspunkte der Interpretation aufweisende Biographie von O. Pflanze, *Bismarck and the Development of Germany*, I: 1815-71, Princeton 1963); G. Mayer, *F. Engels*, 2 Bde., Den Haag 1934², Köln 1971³ (Hg.) H.-U. Wehler (Hg.), *G. Mayer, Radikalismus, Sozialismus und bürgerliche Demokratie*, Frankfurt 1969², 179-94 auch in: ders., *Krisenherde des Kaiserreichs 1871-1918*, Göttingen 1970, 281-90). – A. Wandruszka, *Leopold II.*, 2 Bde., Wien 1963/65; M. Braubach, *Prinz Eugen von Savoyen*, 5 Bde., München 1963/65. L. Wickert, *Th. Mommsen*, 3 Bde., Frankfurt 1959/64/69; W. Kaegi, *J. Burckhardt*, 4 Bde., Basel 1947/67; C. Burckhardt, *Richelieu*, 3 Bde., München 1961¹⁴/1966.

3 Genannt seien hier nur einmal u. a. aus den letzten Jahren: G. Mann, *Wallenstein*, Frankfurt 1971; H. Diwald, *Wallenstein*, München 1969; P. G. Thielen, *K. A. v. Hardenberg*, Köln 1967; H. Meier-Welcker, *Seeckt*, Frankfurt 1967; W. Conze u. a., *J. Kaiser*, 3 Bde., Stuttgart 1967/69; B. Gross, *W. Münzenberg*, Stuttgart 1967; E. Kessel, *W. v. Humboldt*, Stuttgart 1967 (vgl. S. A. Kaehler, *W. v. Humboldt*, Göttingen 1963²); ders., *Moltke*, Stuttgart 1967; H. Rössler, *J. P. Graf Stadion*, 2 Bde., Wien 1966; ders., *H. C. v. Gagern*, Göttingen 1958; R. Rürup, *J. J. Moser*, Wiesbaden 1965; W. B. Scharlau u. Z. A. Zeman, *Parvus-Helphand*, Köln 1964; H. Hausherr, *Hardenberg*, I u. III, Hg. K. E. Born, Köln 1963/65²; H. Hantsch, *L. Graf Berchtold*, 2 Bde., Wien 1963; W. Mommsen, *Bismarck*, München 1959 (ders., *Bismarck*, Reinbek 1966, ist unglücklich gekürzt). Ob A. O. Meyers *Bismarck* (Leipzig 1944) die Neuauflage (Stuttgart 1949) verdient hatte, ließe sich bestreiten. – R. Jansen, *G. v. Vollmar*, Düsseldorf 1958; A. Thimme, G. *Stresemann*, Hannover 1957; G. Ritter, *Friedrich d. Gr.*, Heidelberg 1954³; R. Stadelmann, *Scharnhorst*, Wiesbaden 1952; G. Mann, *F. v. Gentz*, Zürich 1947; C. Hinrichs, *Friedrich Wilhelm I.*, Hamburg 1947². – A.

M. Koktanek, O. *Spengler*, München 1968; H. G. Reiffner, *E. Gans*, Tübingen 1965; W. Kumpmann, *F. Mehring*, Wiesbaden 1966 (vgl. T. Höhle, *F. Mehring*, Berlin 1958²; J. Schleifstein, *F. Mehring*, Berlin 1959); H. Schachenmeyer, *A. Rosenberg*, Wiesbaden 1964; J. Grolle, *L. T. Spitteler*, Göttingen 1963; H.-H. Krill, *Die Ranke-Renaissance*, *M. Lenz u. E. Marcks*, Berlin 1963; glänzend ist A. Heuss, *Th. Mommsen*, Kiel 1956; W. Bussmann, *Treitschke*, Göttingen (1952) 1967² (bricht auf halbem Wege ab); W. Lipgens, *Kardinal J. Gropper*, Münster 1951; ders., *F. A. Graf Spiegel*, 2 Bde., Münster 1965; W. Köllmann, *F. Harkort*, I, Düsseldorf 1964. Vgl. von Essays z. B. Th. Schieder, *Begegnungen mit der Geschichte*, Göttingen 1962; ders., *Nietzsche und Bismarck*, Krefeld 1963; G. Mann, *Geschichte und Geschichten*, Frankfurt 1961; W. Bussmann, *O. v. Bismarck*, Wiesbaden 1965; ders., *Zwischen Revolution und Reichsgründung. Die politische Vorstellungswelt von L. Bamberger*, in: *Festschrift S. A. Kaehler*, Düsseldorf 1950, 203-31; ders., *G. Freytag*, in: *Archiv für Kulturgeschichte, 34, 1952, 261-87; H. Tümmler, Goethe in Staat und Politik*, Köln 1964; vgl. die biographischen Essays in: *Deutsche Historiker*, Hg. H.-U. Wehler, I-V, Göttingen 1971/72, in einem Bd., 1973.

4 H. Heiber, *A. Hitler*, Berlin 1960; ders., *J. Goebbels*, Berlin 1962; B. Scheurig, *C. Graf Schenck v. Stauffenberg*, Berlin o. J.² (vgl. J. Kramarz, *C. Graf Stauffenberg*, Frankfurt 1965); ders., *Kleist-Schmentzin*, Oldenburg 1968. Die vorzügliche, populäre, wissenschaftlich überholte Biographie Bismarcks stammt von dem letzten Assistenten K. Breysigs, W. Richter: *Bismarck*, Frankfurt 1965². Vgl. E. Kehr, *Der neue Plutarch. Die »historische Belletristik«, die Universität und die Demokratie*, in ders., *Der Primat der Innenpolitik*, Hg. H.-U. Wehler, Berlin 1965 (1970²), 269-78. – *Persönlichkeit und Geschichte*, Göttingen, ca. 50 Bde. – Auch im Sinn der traditionellen politischen Biographie unbefriedigend sind: G. Kotowski, *F. Ebert*, I, Wiesbaden 1963; H. Euler, *Napoleon III.*, I, Würzburg 1961. Umstrittene Spätblüten neoborussischer Apologetik: W. Hubatsch, *Hindenburg*, Göttingen 1966 (vgl. die scharfe Kritik von K. O. v. Aretin, *Süddeutsche Zeitung*, 1. 4. 1966, u. W. J. Mommsen, *Die Zeit* 1. 4. 1966); ders., *Albrecht v. Brandenburg-Ansbach*, Heidelberg 1960.

5 W. J. Mommsen, *M. Weber und die deutsche Politik 1890-1918*, Tübingen 1959; D. Geyer, *Lenin in der russischen Sozialdemokratie 1890-1903*, Köln 1962; L. Gall, *B. Constant. Seine politische Ideenwelt und der deutsche Vormärz*, Wiesbaden 1963; E. Angermann, *R. v. Mohl, 1799-1875*, Neuwied 1962. Vgl. A. Schwan, *Politische Philosophie im Denken Heideggers*, Köln 1965; W. Hofmann, *Legitimität gegen Legalität. Der Weg der politischen Philosophie C. Schmitts*, Neuwied 1964; vgl. dazu auch J. Fijalkowski, *Die Wendung zum Führerstaat. Ideologische Komponenten in der politischen Philosophie C. Schmitts*, Köln 1958, u. C. v. Krockow, *Die Entscheidung. Eine Untersuchung über E. Jünger, C. Schmitt u. M. Heidegger*, Stuttgart 1958; G. Birtsch, *Die Nation als sittliche Idee. J. G. Droysen*, Köln 1964; G. Ziebura, *L. Blum*, I, Berlin 1963; P. J. Winter, *Die »Politik« des J. Althusius*, Freiburg 1963; D. Grosser, *Grundlagen und Struktur der Staatslehre F. J. Stahls*, Köln 1963; W. Reichel, *Studien zur Wandlung von M. Lehmanns Preußisch-deutschem Geschichtsbild*, Göttingen 1963; H. Diwald, *Dilthey*,

Göttingen 1963; W. Gottschalch, *Strukturveränderungen der Gesellschaft und politisches Handeln in der Lehre von R. Hilferding*, Berlin 1962; H. P. Schwarz, *Der konservative Anarchist: E. Jünger*, Freiburg 1962; H.-J. Schwierskott, *A. Moeller v. d. Bruck*, Göttingen 1962; H. W. Kuhn, *Der Apokalyptiker in der Politik. Novalis*, Freiburg 1961; H. Seier, *Die Staatsidee H. v. Sybels, 1862-71*, Lübeck 1961; vgl. H. Schleier, *Sybel u. Treitschke*, Berlin 1965, sowie allg. *Deutsche Historiker*, I-V, u. J. Streisand (Hg.), *Studien über die deutsche Geschichtswissenschaft*, 2 Bde., Berlin 1963/65; F.-J. Lucas, *Hindenburg als Reichspräsident*, Bonn 1959; R. Vierhaus, *Ranke und die soziale Welt*, Münster 1957; A. Wucher, *Th. Mommsen*, Göttingen 1956 (1969²); A. Thimme, *H. Delbrück als Kritiker der wilhelminischen Epoche*, Düsseldorf 1955; H. Ritscher, *Fontane. Seine politische Gedankenwelt*, Göttingen 1953; vgl. auch G. Ritter, *C. Goerdeler und die deutsche Widerstandsbewegung*, Stuttgart 1956³, C. Hinrichs, *Ranke und die Geschichtstheologie der Goethezeit*, Göttingen 1954; R. Stadelmann, *Moltke und der Staat*, Krefeld 1950, sowie K. D. Erdmann, *Adenauer in der Rheinlandpolitik nach dem 1. Weltkrieg*, Stuttgart 1966; M. Freund, *Das Drama der 99 Tage. Friedrich III.*, Köln 1966.

6 Von amerikanischen Historikern seien hier nur noch außer Pflanze (Anm. 2) genannt: J. J. Sheehan, *The Career of L. Brentano*, Chicago 1966; L. Cecil, *A. Ballin, Business and Politics in Imperial Germany, 1888-1918*, Princeton 1967, dt. Hamburg 1969; P. Paret, *York*, Princeton 1966; N. Rich, *F. v. Holstein*, 2 Bde., Cambridge 1965; H. A. Turner, *Stresemann*, Princeton 1963 (1965²), dt. *Stresemann, Republikaner aus Vernunft*, Berlin 1968; J. Remak, *The Gentle Critic, T. Fontane*, Syrakuse 1964; A. Dorpalen, *Hindenburg*, Princeton 1964, dt. *Hindenburg in der Geschichte der Weimarer Republik*, Berlin 1966; ders., *H. v. Treitschke*, New Haven 1957; R. W. Lougee, *P. de Lagarde*, Cambridge/Mass. 1962; H. Häussler, *General W. v. Groener*, Madison 1962; K. W. Jonas, *The Life of Crown Prince William*, London 1961, dt. *Kronprinz Wilhelm*, Frankfurt 1964; K. Epstein, *M. Erzberger*, Princeton 1959, dt. *Erzberger und das Dilemma der deutschen Demokratie*, Berlin 1962; B. Hollyday, *Bismarck's Rival, A. v. Stosch*, Durham 1960; R. W. Sterling, *Ethics in a World of Power. The Political Ideas of F. Meinecke*, Princeton 1957; C. W. Easum, *Prince Henry of Prussia*, Madison 1942, dt. *Prinz Heinrich*, Göttingen 1958; K. Meyer, *K. Liebknecht*, Washington 1957; T. v. Laue, *L. Ranke*, Princeton 1950; P. R. Sweet, *F. v. Gentz*, N. Y. 1941. Vgl. auch R. C. Racke, *The Fall of Stein*, Cambridge/Mass. 1965; E. Kraehe, *Metternich's German Policy, I: 1799-1804*, Princeton 1963, sowie R. T. Ergang, *Frederick William I.*, N. Y. 1941; ders., *Herder*, N. Y. 1931; A. G. Pundt, *Arndt*, N. Y. 1935; H. C. Engelbrecht, *J. G. Fichte*, N. Y. 1933. – Von englischen Historikern: A. Bullock, *Hitler*, London 1952, dt. überarb. Neuauflage Düsseldorf 1967; P. Nettl, *R. Luxemburg*, Oxford 1966, dt. Köln 1967; A. J. P. Taylor, *Bismarck*, London 1955, dt. München 1962; V. Cowles, *The Kaiser*, London 1963, dt. *Wilhelm der Kaiser*, Frankfurt 1965; J. Steinberg, *Tirpitz and the Birth of the German Battle Fleet*, London 1965; M. Balfour, *The Kaiser and His Times*, London 1964, dt. *Der Kaiser Wilhelm II. und seine Zeit*, Berlin 1967. – Keine der in Anm. 2-6 zit. Biographien experimentiert mit Theorien und Techniken der Psychoanalyse bzw. der

Behavioral Sciences. Vgl. neuerdings C. Berardt, *P. Levi*, Frankfurt 1969.
7 J. G. Droysen, *Historik*, Darmstadt 1958², 26, 24. Vgl. dazu jetzt die beiden scharfsinnigen Studien von J. Rüsen, *Begriffene Geschichte. Genesis und Begründung der Geschichtsphilosophie J. G. Droysens*, Paderborn 1969; ders., *Politisches Denken und Geschichtswissenschaft bei J. G. Droysen*, in: *Festschrift Th. Schieder*, München 1968, 171-87, sowie K. Spieler, *Untersuchungen zu J. G. Droysens »Historik«*, Berlin 1970, u. H.-V. Hedinger, *Subjektivität und Geschichtswissenschaft. Grundzüge einer Historik*, Berlin 1969. – R. G. Collingwood (*Philosophie der Geschichte*, Stuttgart 1955) hat Droysens »schöpferischen Akt« als »Reenactment« rezipiert. Mit K. R. Poppers (*Das Elend des Historismus*, Tübingen 1965) Strohfigur »Historismus« hat der Historismus nichts zu tun; vgl. hierzu die vorzügliche Kritik von A. Wellmer, *Methodologie als Erkenntnistheorie. Zur Wissenschaftslehre K. R. Poppers*, Frankfurt 1967; ders., *Kritische Gesellschaftstheorie und Positivismus*, Frankfurt 1969. – Vgl. allg. zur Problematik: G. D. Iggers, *The German Concept of History*, Middletown 1968, dt. *Deutsche Geschichtswissenschaft*, München 1972²; ders., *The Decline of the Classical National Tradition of German Historiography*, in: *HT* 6, 1967, 382-412; ders., *The Dissolution of German Historism*, in: R. Herr u. H. T. Parker (Hg.), *Ideas in History*, Durham 1965, 288-329. J. Habermas, *Erkenntnis und Interesse*, Frankfurt 1968; ders., *Zur Logik der Sozialwissenschaften*, Tübingen 1967 (Frankfurt 1970²), vor allem 19-47, 70, 164-76; H.-U. Wehler (Hg.), *Geschichte und Soziologie*, Köln 1972 (NWB 53); demnächst der Band *Theorie der Geschichtswissenschaft*, Köln 1975 (NWB); E. Topitsch (Hg.), *Logik der Sozialwissenschaft*, Köln 1965 (NWB 6). – Die Diskussion in *History and Theory*, 1. 1961-11. 1972, auch die Lit. in Beiheft 1, 1961; 3/4. 1964; 7. 1967. – E. Betti, *Allgemeine Auslegungslehre als Methodik der Geisteswissenschaften*, Tübingen 1967; A. Stern, *Geschichtsphilosophie und Wertproblem*, München 1967; J. S. Kon, *Die Geschichtsphilosophie des 20. Jh.*, 2 Bde., Berlin 1964; A. L. Danto, *Analytical Philosophy of History*, Cambridge 1965, dt.: *Analytische Philosophie der Geschichte*, Frankfurt 1973; H. G. Gadamer, *Wahrheit und Methode*, Tübingen 1965²; M. White, *The Foundations of Historical Knowledge*, N. Y. 1965; T. Abel, *The Operation Called »Verstehen«* in: H. Albert (Hg.), *Theorie u. Realität*, Tübingen 1964, 177-88; T. C. Cochran, *The Inner Revolution. Essays on the Social Sciences in History*, N. Y. 1964; S. Hook (Hg.), *Philosophy and History*, N. Y. 1963; L. Gottschalk (Hg.), *Generalization in History*, Chicago 1963; A. Brecht, *Politische Theorie*, Tübingen 1961; F. Wagner, *Moderne Geschichtsschreibung*, Berlin 1960; P. Gardiner (Hg.), *Theories of History*, Glencoe 1960²; ders., *The Nature of Historical Explanation*, Oxford 1968²; ders., *The Philosophy of History*, in: *IESS* 6. 1968, 429-34; H. Meyerhoff (Hg.), *The Philosophy of History in Our Time*, Garden City 1959; W. Dray, *Laws and Explanation in History*, London 1957; *The Social Sciences in Historical Study*, N. Y. 1954; W. H. Walsh, *An Introduction to Philosophy of History*, London 1953². – C. Morazé, *La logique de l'histoire*, Paris 1967; C. Samaran (Hg.), *L'histoire et ses méthodes*, Paris 1961; R. Aron, *Introduction to the Philosophy of History*, Boston 1961; H. L. Marrou, *De la connaissance historique*, Paris 1954.

8 J. Burckhardt, *Weltgeschichtliche Betrachtungen*, Köln 1954, 9; H. St. Hughes, *History as Art and as Science*, N. Y. 1965, 22-41; J. Huizinga, *Der Herbst des Mittelalters*, Stuttgart 1965[9].

9 Gadamer, a.a.O., 232 f., 277, 286-90, 307, 352, 372; Habermas, *Logik*, 164 f.; W. Dilthey, *Einleitung in die Geisteswissenschaften (Gesammelte Schriften I)*, Leipzig 1923[2], Göttingen 1966[6], 49; vgl. ders., *Die Geistige Welt (Schriften V)*, Leipzig 1924, Göttingen 1968[5], 143, 263, 317; ders., *Der Aufbau der geschichtlichen Welt in den Geisteswissenschaften (Schriften VII)*, Leipzig 1927, Göttingen 1968[5], 118, 137, 177, 219. Über D. zuletzt P. Krausser, *Kritik der endlichen Vernunft. Diltheys Revolution in der allgemeinen Wissenschafts- und Handlungstheorie*, Frankfurt 1968, u. Diwald.

10 J. Engel (*Analogie und Geschichte*, in: *Studium Generale 9*, 1956, 91-107) hat diesen ganz und gar nicht neuen und vor allem der Wissenssoziologie überaus geläufigen Zusammenhang von Erfahrungshorizont und Analogieschluß ohne jede Bezugnahme auf die sozialwissenschaftliche Forschung beschrieben und z. T. deshalb die Problematik des Erfahrungshorizonts nur oberflächlich diskutiert. Zuletzt sehr anregend hierzu: P. L. Berger u. T. Luckmann, *Die gesellschaftliche Konstruktion der Wirklichkeit. Eine Theorie der Wissenssoziologie*, Frankfurt 1969.

11 Hierüber zuletzt Th. Nipperdey, *Kulturgeschichte, Sozialgeschichte, historische Anthropologie*, in: *Vierteljahrsschrift für Sozial- und Wirtschaftsgeschichte 55*, 1968, 145-64; ders., *Bemerkungen zum Problem einer historischen Anthropologie*, in: *Festschrift S. Moser*, Meisenheim 1967, 350 bis 70. – H.-U. Wehler, *Moderne Deutsche Sozialgeschichte*, Köln 1973[4] (NWB 10), 9-16, die Lit. 565-613; ders., *Geschichte und Soziologie*, 11-36; ders., *Soziologie und Geschichte aus der Sicht des Sozialhistorikers*, in: *Soziologie und Sozialgeschichte*, Hg. P.-C. Ludz, Köln 1973, 59-80 (Sonderheft der *Kölner Zeitschrift für Soziologie*); ders., (Hg.), *Geschichte und Ökonomie*, Köln 1973 (NWB 58); ders., *Theorieprobleme der modernen deutschen Wirtschaftsgeschichte (1800-1945). Prolegomena zu einer kritischen Bestandsaufnahme der Diskussion und Forschung seit 1945*, in: *Festschrift H. Rosenberg*, Berlin 1970, 66-107, auch in: ders., *Krisenherde des Kaiserreichs*, 291-312.

12 Habermas, *Logik*, 100; Heuss, 224; Wucher, 25. Vgl. zur allgemeinen Problematik des Verhältnisses von Geschichtswissenschaft und Psychoanalyse: H.-U. Wehler (Hg.), *Geschichte und Psychoanalyse*, Köln 1971, Berlin 1972[2]; B. Wolman (Hg.), *The Psychoanalytic Interpretation of History*, N. Y. 1971; B. Mazlish (Hg.), *Psychoanalysis and History*, N. Y. 1971[2]; F. E. Manuel, *The Use and Abuse of Psychology in History*, in: *Daedalus 100*, 1971, 187-213; L. Little, *Psychology in Recent American Historical Thought*, in: *Journal of the History of the Behavioral Sciences 5*, 1969, 152-172; H. Kilian, *Das enteignete Bewußtsein*, Neuwied 1971; B. Mazlish, *What is Psycho-History?*, in: *Transactions of the Royal Historical Society V. 21*. 1971, 79-99; ders., *Group Psychology and Problems of Contemporary History*, in: *JCH 3*, 1968, 163-77; ders., *Clio on the Couch. Prolegomena to Psycho-History*, in: *Encounter 31*, Sept. 1968, 46-54; ders., *Inside the Whales*, in: *Times Lit. Suppl. 65*, 3361 (18. 7. 1966), 667-69; C. Strout, *Ego Psychology and the Historian*, in: *HT 7*, 1968, 281-97 (dt. in: *Geschichte und*

Psychoanalyse, 53-77); L. Lifton, *Protean Man,* in: *Partisan Review* 35. 1968, 1-27, vgl. ders., *History and the Human Survival,* N. Y. 1970; T. Szasz, *Ideology and Insanity,* N. Y. 1970; A. Besançon, *Vers un histoire psychanalytique,* in: *Annales* 24. 1969, 594-616, 1011-33 (dt. in: *Geschichte und Psychoanalyse,* 101-155); ders., *Psychoanalysis: Auxiliary Science or Historical Method,* in: *JCH* 3. 1968, 149-62; ders., *Histoire et Psychanalyse,* in: *Annales* 19. 1964, 237-49; vgl. dazu jetzt auch M. de Certeau, *Ce que Freud fait de l'histoire,* ebda., 25. 1970, 654-67. – K. R. Eissler, *Freud and the Psychoanalysis of History,* in: *Journal of the American Psychoanalytic Association* 11, 1963, 675-703; C. Morazé, *The Application of the Social Sciences to History,* in: *JCH* 3. 1968, 207-15; Hughes, 42-67 (dt. in: *Geschichte und Psychoanalyse,* 31-52); ders., *The Historian and the Social Scientist,* in: *AHR* 66. 1961, 20-46, (dt. in: *Geschichte und Soziologie,* 216-42); W. L. Langer, *The Next Assignment,* ebda., 63, 1958, 283-304, auch in ders., *Explorations in Crisis,* Cambridge/Mass. 1969, 408-32, u. in: Mazlish (Hg.), a.a.O., 87-107; H. Meyerhoff, *On Psychoanalysis as History,* in: *PR* 49. 1962, II, 2-20; F. Schmidl, *Psychoanalysis and History,* in: *PQ* 31. 1962, 532-48; L. Edel, *The Biographer and Psycho-Analysis,* in: *International Journal of Psychoanalysis* 42, 1961, 458-66; E. A. Lévy-Valensi, *Histoire et Psychologie?* in: *Annales* 20, 1965, 923-38. Dazu noch: R. de Saussue, *Psychoanalysis and History,* in: *Psychoanalysis and the Social Sciences* 2, 1950, 7-64; R. L. Schoenwald, *Historians and the Challenge of Freud,* in: *Western Humanities Review* 10, 1956, 99-108; L. Namier, *Human Nature in Politics,* in: ders., *Personalities and Powers,* London 1955, 1-7; C. Kluckhohn, *Politics, History, and Psychology,* in: *WP* 8. 1955, 112-23; P. Rieff, *History, Psychoanalysis, and the Social Sciences,* in: *Ethics* 68. 1953, 107-20; auch in: E. N. Saveth (Hg.), *American History and the Social Sciences,* N. Y. 1964, 110-24; H. W. Gruhle, *Geschichtsschreibung und Psychologie,* Bonn 1953; L. Fèbvre, *Une vue d'ensemble: histoire et psychologie,* in: ders., *Combats pour l'histoire,* Paris 1953, 207-20; S. Ratner, *The Historian's Approach to Psychology,* in: *Journal of the History of Ideas* 2, 1914, 95-109; G. Watson, *Clio and Psyche. Some Interrelations of Psychology and History,* in: C. Ware (Hg.), *The Cultural Approach to History,* N. Y. 1940, 34-47. Neuerdings B. Loewenstein, *Krztaliň mezi psychologií a historii,* in: *Čs. časopis historický* 17. 1969/4, 574-80 (*Zum Verhältnis zwischen Psychologie u. Geschichte*). – Allg. hierzu: *Psychoanalysis and Social Sciences,* Hg. M. Ruitenbeek, N. Y. 1962; *Psychoanalysis and Contemporary Thought,* Hg. J. D. Sutherland, London 1958, 102-44; *La Psychanalyse* 3, 1957. – Diese Fragen werden nicht präzis diskutiert von: H. Nicolson, *Kunst der Biographie,* Frankfurt 1958, 9-25; J. Romein, *Die Biographie,* Bern 1948. Vgl. dagegen J. A. Garraty, *The Nature of Biography,* N. Y. 1957, 177-95, die Lit. 230 f., 240 f.; S. Hook, *The Hero in History,* Boston 1960². – Wichtig ist die auch für den Historiker sehr aufschlußreiche Diskussion über das Verhältnis von Psychoanalyse und Soziologie. Vgl. H.-U. Wehler (Hg.), *Soziologie und Psychoanalyse,* Stuttgart 1972, die Lit. 169-73; *Psychoanalyse, Marxismus und Sozialwissenschaften,* (Hg. H. Dahmer), Rotdruck 10, Amsterdam 1971; *Psychoanalyse als Sozialwissenschaft,* Frankfurt 1971; (daraus Lorenzer, Schwanenberg, Dahmer in: *Soziologie und Psychoanalyse,* 65-68, 107-110, 111-16); H.

Nolte, *Psychoanalyse und Soziologie*, Bern 1970; *Psyche* 24, 1970, H. 3: Über *Psychologie und Soziologie*, 157-207; N. Elias, *Sociology and Psychiatry*, in: S. H. Foulkes u. M. Prince (Hg.), *Psychiatry in a Changing World*, London 1969, 117-144, (dt. in: *Soziologie und Psychoanalyse*, 11-41); H. Kilian, *Zur Problemstellung einer kritischen Theorie der Psychoanalyse*, in: *Soziologie und Psychoanalyse*, 117-23; P. L. Berger, *Towards a Sociological Understanding of Psychoanalysis*, in: *Social Research* 32, 1965, 26-41; (dt. in: *Soziologie und Psychoanalyse*, 155-68); R. Bastide, *Sociologie et Psychologie*, in: G. Gurvitch (Hg.), *Traité de Sociologie*, I, Paris 1960, 65-82; ders., *Sociologie et Psychoanalyse*, ebda., II, 402-20; (dt. in: *Soziologie und Psychoanalyse*, 42-64); ders., *Sociologie et Psychoanalyse*, Paris 1950; G. Friedmann, *Psychoanalyse und Soziologie*, in: *Diogenes* 4, 1957, 255-77; T. W. Adorno, *Soziologie und Psychoanalyse*, in: *Festschrift M. Horkheimer*, Frankfurt 1955, 11-45; auch in: ders., *Aufsätze zur Gesellschaftstheorie und Methodologie*, Frankfurt 1970, 7-54, 55-63; ders., *Zum Verhältnis von Psychoanalyse und Gesellschaftstheorie*, in: *Psyche* 6. 1952, 1-18, auch in: ders. u. M. Horkheimer, *Sociologica II*, Frankfurt 1962, 94-112; ders., *Sociology and Psychology*, in: *New Left Review* 46./47. 1967; H. Hartmann, *The Application of Psychoanalytic Concepts to Social Sciences*, PA 19, 1950, 385-92, jetzt auch in ders., *Essays in Ego Psychology*, London 1964, 90-98, sowie in: Ruitenbeek (Hg.), a.a.O., 63-72; (dt. in: *Soziologie und Psychoanalyse*, 89-95, sowie in: ders., *Ich-Psychologie*, Stuttgart 1972 u. in: *Soziologie u. Psychoanalyse*, 89-95); ders., *Psychoanalysis and Sociology*, in: S. Lorand (Hg.), *Psychoanalysis Today*, N. Y. 1944, 326-41; T. Parsons, *The Contribution of Psychoanalysis to Social Science*, in: *Science and Psychoanalysis* 4, 1961, 28-38; (dt. in: *Soziologie und Psychoanalyse*, 96-106); ders., *Psychoanalysis and the Social Structure*, in: *PA* 19, 1950, 371-84, auch in: Ruitenbeck (Hg.), a.a.O., 46-62, sowie in: ders., *Essays in Sociological Theory*, N. Y. 1954; ders., *Sozialstruktur und Persönlichkeitsentwicklung*, in: ders., *Sozialstruktur und Persönlichkeit*, Frankfurt 1968, 99-139; ders., *Psychoanalysis and Social Science*, in: F. Alexander (Hg.), *20 Years of Psychoanalysis*, N. Y. 1953, 186-215. Vor allem auch H. Marcuse, *Psychoanalyse und Politik*, Frankfurt 1968; ders., *Aggressivität in der gegenwärtigen Industriegesellschaft*, in: ders. u. a., *Aggression und Anpassung in der Industriegesellschaft*, Frankfurt 1968, 7-29; ders., *Triebstruktur und Gesellschaft*, Frankfurt 1967²; ders., *Das Veralten der Psychoanalyse*, in: ders., *Kultur und Gesellschaft*, II, Frankfurt 1965, 85-106; ders., *Trieblehre und Freiheit*, in: *Festschrift M. Horkheimer*, 47-66; ders., *Trieblehre und Freiheit und die Idee des Fortschritts im Lichte der Psychoanalyse*, in: *Freud und die Gegenwart*, *Sociologica* 6, Frankfurt 1957, 401-41 (beide in: ders., *Psychoanalyse und Politik*). Siehe dazu auch neuerdings D. Wyss, *Marx und Freud*, Göttingen 1969; R. Kalivoda, *Marx und Freud*, in: ders., *Der Marxismus und die moderne geistige Wirklichkeit*, Frankfurt 1970, 39-84; W. Lepenies u. H. Nolte, *Kritik der Anthropologie, Marx und Freud, Gehlen und Habermas*, München 1971 – Als Politologen: A. A. Rogow, *Psychiatry and Political Science*, in: S. M. Lipset (Hg.), *Politics and the Social Sciences*, N. Y. 1969, 207-25; ders., *Psychiatry, History, and Political Science*, in: J. Marmor (Hg.), *Modern Psychoanalysis*, N. Y. 1969, 663-91; (dt. in: *Soziologie und Psychoanalyse, 124* bis 54); vgl. auch von dems. die Berufsgruppenstudie: *The Psychiatrists*, N. Y. 1970. L. J. Edinger, *Political Science and Political Biography*, in: *Journal of Politics* 36, 1964, 423-39, 648-76, dt. sehr gekürzt: *Politische Wissenschaft und politische Biographie*, in: *Kölner Zeitschrift für Soziologie* 17, 1965, 477 bis 86; F. J. Greenstein, *The Impact of Personality on Politics*, in: *American Political Science Review* 61, 1967, 629-41. Allg. C. S. Hall u. G. Lindzey, *Psychoanalytic Theory and Its Application in the Social Sciences*, in: G. Linzey (Hg.), *Handbook of Social Psychology*, I, Cambridge/Mass. 1954, 143-80; G. J. Hinkle, *Sociology and Psychoanalysis*, in: H. Becker u. A. Boskoff (Hg.), *Modern Sociological Theory*, N. Y. 1957, 574-603; O. W. Haseloff, *Zur Soziologie psychoanalytischen Wissens*, in: *Kölner Zeitschrift für Soziologie* 14, 1962, 39-58; A. Inkeles, *Sociology and Psychology*, in: *Psychology: A Study of a Science*, Hg. S. Koch, VI, N. Y. 1963, 317-87; aber auch die älteren Arbeiten von H. D. Lasswell: *The Contribution of Freud's Insight Interview to the Social Sciences*, in: *American Journal of Sociology* 45, 1939, 373-90; ders., *What Psychiatrists and Political Scientists can learn from one another*, in: *Psychiatry* 1. 1938, 33-39; ders., *Psychoanalyse und Sozioanalyse*, in: *Imago* 19, 1933, 377-83; ders., *The Triple-Appeal Principle: A Contribution of Psychoanalysis to Political and Social Science*, in: *American Journal of Sociology* 37, 1932, 523-38. Vgl. noch R. Dahrendorf, *Die angewandte Aufklärung*, Frankfurt 1968[2]; N. Leites, *Psycho-Cultural Hypotheses about Political Acts*, in: *WP* 1, 1948, 102-191.

13 Vgl. Habermas, *Logik*, 185; ähnlich auch ders., *Erkenntnis*, 262-352, vgl. 290; Th. Schieder, *Geschichte als Wissenschaft*, München 1965 (1968[2]), 41, 48, 58 f., 98. H. D. Lasswell, *Psychopathology and Politics*, Chicago 1930 (N. Y. 1960[2], Lit. 269-319), 11; ders. jetzt: *Impact of Psychoanalytic Thinking on the Social Sciences*, in: *The State of the Social Sciences*, Hg. L. D. White, Chicago 1956, 84-115, auch in: Ruitenbeek (Hg.), a.a.O., 7-45. Früh hat E. Kehr (*Neuere deutsche Geschichtsschreibung* [1933]), in: ders., *Der Primat der Innenpolitik*, 262) auf die Verbindungslinien zwischen historischer Ideengeschichte und Psychoanalyse aufmerksam gemacht. Vgl. dazu jetzt auch P. Gay, *Weimar Culture. The Outsider as Insider*, London 1968, 29 f., 36, 49 f., 95 (dt. *Die Republik der Außenseiter*, Frankfurt 1970). Zur Kritik an Freud: vier Aufsätze D. Riesmans, in: ders., *Individualism Reconsidered*, Garden City 1954, z. T. dt. in ders., *Freud und die Psychoanalyse*, Frankfurt 1965; A. Gehlen, *Die Seele im technischen Zeitalter*, Hamburg 1957; auch C. Schorske, *Politics and Psyche in Fin de Siècle Vienna*, in: *AHR* 6, 1961, 930-46, u. die Lit. Anm. 13. – Hier vor allem Marcuse, *Verhalten*, 85-106; ders., *Aggression*, 7-29; Adorno (Anm. 11); K. Horn, *Fragen einer psychoanalytischen Sozialpsychologie*, in: *Festschrift A. Mitscherlich*, Stuttgart 1968, 256-70; auch in: *Psyche* 22. 1968, 896-911, überarbeitet in: *Soziologie und Psychoanalyse*, 69-88.

14 Die oben erwähnten Begriffe bzw. Theorien der Freudschen Lehre können hier nicht näher erläutert werden, zumal da die Gefahr einer fehlerhaften Verkürzung, die die Skizzierung durch einen Nichtfachmann mit sich bringt, groß wäre. Eine Information ist jetzt sehr erleichtert durch den detaillierten Registerband (Bd. 18) zu: S. Freud, *Werke*, 17 Bde., Frankfurt 1964/68. Zur Einführung, mit der wichtigsten Lit.: C. Brenner, *Grundzüge*

der Psychoanalyse, Frankfurt 1967; ders. u. a., *Psychoanalysis*, in: *IESS* 13, 1-145; R. H. Waters u. a., *Psychology*, ebda., 49-95; R. R. Holt, *S. Freud*, in: *IESS* 6, 1-12. R. Waelder, *Die Grundlagen der Psychoanalyse*, Frankfurt 1969. Eine brillante Analyse der Freudschen Theorie findet sich jetzt in: Habermas, *Erkenntnis*, 262-352. Vgl. E. Jones, S. *Freud, Leben und Werk*, Frankfurt 1969; P. Roazen, *Freud: Political and Social Thought*, N. Y. 1968, dt. Frankfurt 1971; M. Robert, *Die Revolution der Psychoanalyse. Leben und Werk von S. Freud*, Frankfurt 1967; B. Mazlish, *Freud*, in: ders., *The Riddle of History. The Great Speculators from Vico to Freud*, N. Y. 1966, 381-427; vgl. ders., *Freud and Nietzsche*, in: *PR* 55, 1968, 360-75; P. Rieff, *Freud: The Mind of the Moralist*, Garden City 1959; A. McIntyre, *Das Unbewußte*, Frankfurt 1968; J.-B. Pontalis, *Nach Freud*, Frankfurt 1968; J.-B. Lefèvre-Pontalis, *Réflexions sur le vocabulaire de la psychanalyse*, in: *Europäisches Archiv für Soziologie* 4, 1963, 283-308; J. Caruso, *Soziale Aspekte der Psychoanalyse*, Stuttgart 1962; L. S. Kubie, *Psychoanalyse ohne Geheimnis*, Hamburg 1956; H. J. Eysenck, *Wege und Abwege der Psychologie*, Hamburg 1956. Ältere Studien: K. Abraham, *Psychoanalytische Studien zur Charakterbildung*, Frankfurt 1969. Als Beispiele für Untersuchungen über Projektion: D. B. Davis, *Some Themes of Counter-Subversion. An Analysis of Anti-Masonic, Anti-Catholic, and Anti-Mormon Literature*, in: *Mississippi Valley Historical Review* 47, 1960, 205-24. – Repression: M. Walzer, *Puritanism as a Revolutionary Psychology*, in: *HT* 3, 1963, 59-90. – Ambivalenz: C. Strout, *The American Image of the Old World*, N. Y. 1963. – Identität: Eriksons Arbeiten, Anm. 15; Rudolph, Anm. 16; Strout, Anm. 16; R. J. Lifton, *On Psychology and History*, in: *Comparative Studies in Society and History* 7, 1964/65, 127-32. Vgl. hierzu aber auch Strouts (*Ego Psychology*, 291-97) Einwand, daß die Identitätskrise an Lebenszyklus und Familie gebunden, die Übertragung auf gesellschaftliche Großgruppen daher methodologisch problematisch sei.

15 E. H. Erikson, *Young Man Luther*, N. Y. 1958, dt. *Der junge Mann Luther*, München 1965, Reinbek 1970² (dazu die grundsätzlich wichtige Rez. von L. W. Pye, *Personal Identity and Political Ideology*, in: D. Marvick (Hg.), *Political Decision Makers*, N. Y. 1961, 290-313, auch in: Mazlish (Hg.), a.a.O., 150-73; dt. in: E. Krippendorff (Hg.), *Political Science*, Tübingen 1966, 29-55). – Ders., *Gandhi's Truth*, N. Y. 1969; dazu ders., *On the Nature of Psycho-Historical Evidence*; in *Search of Gandhi*, *Daedalus* 97, 1968, 695-730; auch der Aufsatz von Eriksons Schülerin S. Rudolph (Anm. 16) u. demn. deren eingehende Studie. Über einige theoretische Probleme: Erikson, *Identität und Lebenszyklus*, Frankfurt 1966; ders., *Einsicht und Verantwortung*, Stuttgart 1966; ders., *Kindheit und Gesellschaft*, Stuttgart 1965²; ders., *The Problem of Ego Identity*, in: M. Stein u. a. (Hg.), *Identity and Anxiety*, Glencoe 1962³, 37-87, u. allg. dieser Band, sowie D. D. de Levita, *The Concept of Identity*, Den Haag 1965, dt. Frankfurt 1971. Vgl. einmal G. Ritters Urteil (*Luther*, München 1959⁶, 184 f.) über Luthers Verdammung des Bauernaufstandes (Luther sei »niemals [...] großartiger« gewesen, er blieb »der große Seelsorger der Nation«) mit Eriksons differenziert-kritischer Analyse; dazu auch Langer (303 f.) vor Eriksons Buch! – L. J. Edinger, *K. Schumacher*, Stanford 1965, dt. Köln 1967 (ganz positive Rez.:

K. Epstein, in: *WP* 18, 1966, 727-34; die kluge Kritik von R. Rürup, *Neue Politische Literatur* 1966, 424-34, u. *Die Zeit* 13. 10. 1967, XXIX, wird dem Forschungsansatz nicht ganz gerecht, so sehr einige seiner Einwände unstreitig berechtigt sind). – A. L. u. J. George, *Wilson and Colonel House. A Personality Study*, N. Y. 1956, 1964², dt. z. T. in: *Geschichte und Psychoanalyse*, 78-100 (Rez.: R. Brodie, in: *WP* 9. 1957, 413-22, auch in: Mazlish (Hg.), a.a.O., 115-23). Sehr enttäuschend ist Freuds Versuch einer Analyse von Wilson: S. Freud u. W. C. Bullit, *W. Wilson*, Boston 1967 (dazu die eindringliche Rez. von E. H. Erikson, *The International Journal of Psycho-Analysis* 48, 1967, 462-68). Recht orthodox freudianisch ist: E. V. Wolfenstein, *The Revolutionary Personality: Lenin, Trotzky, Gandhi*, Princeton 1967. Oft unbefriedigend sind: A. Mitzman, *The Iron Cage. A Historical Interpretation of Max Weber*, N. Y. 1969; A. Künzli, *K. Marx, eine Psychographie*, Wien 1966; K. R. Eissler, *Goethe: A Psychoanalytic Study*, 2 Bde. (1775-86), Detroit 1963. Methoden der Psychoanalyse benutzen: A. Rogow, *J. Forrestal*, N. Y. 1963; A. Gottfried, *Boss Cermak of Chicago*, Seattle 1962; F. M. Brodie, *T. Stevens*, N. Y. 1959; J. M. Burns, *Roosevelt*, N. Y. 1956; s. auch die ungedruckte Diss. von R. N. Hunt, *J. Goebbels. A Study of the Formation of His National-Socialist Conciousness*, phil. Diss. Harvard Univ. 1960 (MS); auch L. Namier u. J. Brooke, *C. Townshend*, London 1964. – Aus der französischen Diskussion: R. Mandrou, *Introduction à la France Moderne, 1500-1640*, in: *Essai de Psychologie Historique*, Paris 1961; P. Ariès, *L'enfant et la vie familiale sous l'ancien régime*, Paris 1960; O. Mannoni, *Psychologie de la colonisation*, Paris 1950. – H. J. Schoeps' sog. »Zeitgeistforschung« dagegen (vgl. ders. (Hg.), *Zeitgeist im Wandel*, I, Stuttgart 1967; II, 1968) bietet einen dünnen Aufguß von Dilthey und bleibt methodisch und erst recht methodologisch unscharf und unbefriedigend. Im Grunde wird dieser »Zeitgeist« nirgendwo mit den Mitteln einer historischen Wissenssoziologie und Ideologiekritik angemessen definiert und analysiert. – Das neue *Jahrbuch der Psychoanalyse* (1. 1960, 2, 1961/62, 3, 1964, 4, 1967, 5, 1968, 6, 1969) hat unsere Fragen bisher einmal knapp (5, 9-47, *P. u. Soziologie*) behandelt. Vgl. aber *Politische Psychologie*, Hg. H. Wiesbrock, I. 1963. – 8. 1969; *Science and Psychoanalysis*, Hg. J. H. Massermann, N. Y. 1. 1. 1958-14. 1969; *The Psychoanalytic Study of Society*, Hg. W. Münsterberger u. S. Axelrad, 1, 1960, 2, 1962, 3, 1964, 4, 1967 (Forts. von *Psychoanalysis and the Social Sciences*, 4 Bde., N. Y. 1947 ff.).

16 R. Bushmann, *On the Uses of Psychology: Conflict and Conciliation in B. Franklin*, in: *HT* 5, 1966, 225-40; W. B. Willcox u. F. Wyatt, *Sir Henry Clinton. A Psychological Exploration in History*, in: *William and Mary Quarterly* 16, 1959, 3-26; C. Strout, *William James and the Twice-Born Sick Soul*, in: *Daedalus* 97, 1968, 1062-82; B. Mazlish, *James Mill and the Utilitarians*, in: *Daedalus* 97, 1968, 1036-61; S. H. Rudolph, *The New Courage. An Essay on Gandhi's Psychology*, in: *WP* 16, 1963/64, 98-117; G. Devereux, *Psychoanalyse et Histoire. Un Application à l'Histoire de Sparte*, in: *Annales* 20, 1965, 18-44; F. S. Klaf, *Napoleon and the Grand Army of 1812, A Study of Group Psychology*, in: *PR* 47, 1960/III, 69-76; A. C. Beckmann, *Hidden Themes in the Frontier Thesis*, in: *Comparative Studies in Society*

and History, 8, 1966, 361-82. Vgl. R. Binion, *Repeat Performance: A Psychohistorical Study of Leopold III. and Belgian Neutrality*, in: *HT* 8. 1969, 213-59; E. Lewy, *The Transformation of Frederic the Great*, in: *The Psychoanalytic Study of Society* 4, 252-311; R. L. Robertson, *Cleveland's Personality as a Political Leader*, in: *PR* 52, 1964/65, 298-322; H. R. Wolf, *British Fathers and Sons, 1773-1913. From Filial Submissivness to Creativity*, ebda., 197-214, vgl. damit D. Hunt, *Parents and Children in History. A Psychology of Family Life in Early Modern France*, N. Y. 1970. – Enttäuschend sind: O. Pflanze, *Toward a Psychoanalytic Interpretation of Bismarck*, in: *AHR* 77. 1972, 419-44; H. Lowenfeld, *Freud's Moses and Bismarck*, in: *Psychoanalysis and the Social Sciences*, 2. 1950, 277-90; E. H. Erikson, *Die Legende von Hitlers Kindheit*, in: ders., *Kindheit und Gesellschaft*, 320-52, auch G. M. Kurth, *The Jews and A. Hitler*, in: *PQ* 16. 1947, 11-32. Vgl. hierzu noch J. Cremerius (Hg.), *Neurose und Genialität. Psychoanalytische Biographien*, Frankfurt 1971 (Lit. 275-92); P. Loewenberg, *The Unsuccessful Adolescence of H. Himmler*, in: *AHR* 76. 1971, 612-41; ders., *The Psychohistorical Origins of the Nazi Youth Cohort*, ebda., 1457-1502; G. Bychowski, *Diktatoren. Beiträge zu einer psychoanalytischen Persönlichkeits- und Geschichtsschreibung*, München 1965; F. Bayle, *Psychologie et éthique du National-Socialisme. Etude anthropologique des Dirigéant SS*, Paris 1953; G. M. Gilbert, *The Psychology of Dictatorship*, N. Y. 1950; J. D. Lasswell, *The Psychology of Hitlerism*, in: *Political Quarterly* 4, 1933, 373-84, auch C. Beradt, *Das Dritte Reich des Traums*, München 1966, sowie N. Leites, *A Study of Bolshevism*, Glencoe 1953 (Rez. von D. Bell, *WP* 10. 1958, 327-65, auch in: ders., *The End of Ideology*, N. Y. 1961, 315-53; C. Kluckhohn in: *WP* 8, 1958, 112-23). – Zum Antisemitismus: P. Loewenberg, *Die Psychodynamik des Antijudentums*, in: *Jahrbuch des Instituts für Deutsche Geschichte in Tel Aviv*, 1, 1972, 145-58; R. M. Lowenstein, *Psychoanalyse des Antisemitismus*, Frankfurt 1968; ders., *The Historical and Cultural Roots of Anti-Semitism*, in: *Psychoanalysis and the Social Sciences* 1. 1947, 313-56; G. J. Schoenfeld, *Psychoanalysis and Anti-Semitism*, in: *PR* 53. 1966, 24-37; M. Wangh, *Psychoanalytische Betrachtungen zur Dynamik und Genese des Vorurteils, des Antisemitismus und des Nazismus*, in: *Psyche* 16, 1962, 273-84 (s. allg. ebda., 241-317); F. Schupper, *Dynamische Motive des Antisemitismus*, in: *Jahrbuch für Psychoanalyse* 2, 1961/1962, 3-24; J. H. Robb, *Working Class Anti-Semite*, London 1954; T. W. Adorno u. a., *The Authoritarian Personality*, N. Y. 1950, 1964² (dazu kritisch: R. Christie u. M. Jahoda, *Studies in the Scope and Method of »The Authoritarian Personality«*, Glencoe 1954, sowie allg. den Bericht von M. Jahoda, *The Migration of Psychoanalysis: the Impact on American Psychology*, in: *Perspectives in American History* 2, 1968, 420-45); N. Ackermann u. M. Jahoda, *Anti-Semitismus and Emotional Disorder*, N. Y. 1950; B. Bettelheim u. M. Janowitz, *Dynamics of Prejudice*, N. Y. 1960, auch in: dies., *Social Change and Prejudice*, N. Y. 1964, 101-290; M. Horkheimer u. T. W. Adorno, *Dialektik der Aufklärung*, Amsterdam 1947 (Frankfurt 1969²), 199-244; E. Simmel (Hg.), *Anti-Semitism*, N. Y. 1946; O. Fenichel, *Psychoanalysis of Anti-Semitism*, in: *American Imago* 1, 1940, 24-39. Vgl. allg. hierzu noch: K. Horn, *Politische Psychologie*, in: D. Senghaas (Hg.), *Politikwissenschaft*, Frankfurt 1969,

215-68; J. Rattner, *Tiefenpsychologie und Politik*, Freiburg 1970; J. B. Duroselle, *La Personalité de l'Homme d'Etat*, in: P. Renouvin u. ders., *Introduction à l'Histoire des Realations Internationales*, Paris 1964, 284-314; F. L. Neumann, *Angst und Politik*, Tübingen 1954; H. J. Eysenck, *Psychology of Politics*, London 1954; R. E. Money-Kyrle, *Psychoanalysis and Politics*, London 1951. Unseriös ist W. Backhaus, *Sind die Deutschen verrückt? Psychogramm einer Nation*, Bergisch-Gladbach 1968.

17 Hughes, *History*, 52 f., ähnlich Strout, *Ego Psychology*. – A. Mitscherlich, *Die Unfähigkeit zu trauern*, Frankfurt 1968[2]; ders. u. a. (Hg.), *Der Kranke in der modernen Gesellschaft*, Köln 1967 (NWB 22); ders., *Auf dem Weg zur vaterlosen Gesellschaft*, München 1963. Sein eindringliches Plädoyer für eine analytische Sozialpsychologie: A. Mitscherlich u. M. Muck, *Der psychoanalytische Ansatz in der Sozialpsychologie*, in: C. F. Graumann (Hg.), *Sozialpsychologie (Handbuch der Psychologie*, VII), Göttingen 1969, 108-32, auch die Lit. 128-32. Vgl. *Psychoanalyse. Zum 60. Geburtstag von A. Mitscherlich*, Frankfurt 1968 (Schriftenverzeichnis: 103-10); *Psychoanalyse und soziale Verantwortung, Festschrift A. Mitscherlich*, Stuttgart 1968, sowie P. Brückner, *Fortschritte der analytischen Sozialpsychologie*, 1946-62, in: *Kölner Zeitschrift für Soziologie* 15, 1963, 676-92. Vgl. B. Bettelheim, *Aufstand gegen die Masse*, München 1964, u. Z. Barbu, *Problems of Historical Psychology*, London 1960. Zum Nationalcharakter (aber ohne die europ. Lit.): D. Potter, *People of Plenty*, Chicago 1960[5].

18 Langer, a.a.O., 292; W. Abel, *Neue Fragen an die Wirtschaftsgeschichte*, Göttingen 1962, 16-22; ders., *Wachstumsschwankungen mitteleuropäischer Völker seit dem Mittelalter*, in: *Jahrbücher für Nationalökonomie und Statistik* 142, 1935, 670-92; N. Cohn, *The Pursuit of the Millenium*, N. Y. 1957, dt. *Das Ringen um das tausendjährige Reich*, Bern 1961; J. Schreiner, *Pest og Prisfall*, Oslo 1948; F. Lütge, *Das 14./15. Jh. in der Sozial- und Wirtschaftsgeschichte*, in: ders., *Studien zur Sozial- und Wirtschaftsgeschichte*, Stuttgart 1963, 281-335; auch T. Aston (Hg.), *Crisis in Europe*, 1560-1660, London 1965. Vgl. auch vor allem hierzu: E. Maschke, *Die Unterschichten der mittelalterlichen Städte Deutschlands*, in: ders. u. J. Sydow (Hg.), *Gesellschaftliche Unterschichten in den südwestdeutschen Städten*, Stuttgart 1967, 1-74; ders., *Deutsche Stadtgeschichtsforschung auf der Grundlage des historischen Materialismus*, in: *Jahrbuch für Geschichte der Oberdeutschen Reichsstädte/Esslinger Studien* 12/13, 1966/67, 124-41; ders., *Bewegungsvorgänge in der Gesellschaft des mittelalterlichen Deutschland*, in: *Jahrbuch der Heidelberger Akademie der Wissenschaften* 1966/67, Heidelberg 1968, 45-47; die Lit. bei Langer, a.a.O., 294. Demn. hierzu eine eingehende sozialhistorische Untersuchung von H. Rosenberg. Ein berühmtes Beispiel für die beginnende Moderne: G. Lefebvre, *La Grande Peur de 1789*, Paris 1932.

19 Vgl. W. Zapf, *Wandlungen der deutschen Elite. Ein Zirkulationsmodell deutscher Führungsgruppen. 1919-61*, München 1965; ders. (Hg.), *Beiträge zur Analyse der deutschen Oberschichten*, München 1965[2]. Ganz unergiebig ist, H. Müller, *Ergebnisse der sozialpsychologischen Gruppenforschung*, in: *Politische Psychologie* 4, 1966, 45-64 (mit dem verblüffend neuartigen Ergebnis, daß der Nationalsozialismus dem »Willen zur Macht« bestimmter Gruppen entsprang). Allg. A. Dupront, *Problèmes et méthodes d'une histoire de la*

psyche collectif, in: *Annales* 16, 1961, 3-11; M. Confino, *Histoire et psychologie. A propos de la noblesse russe au XVIII siècle*, ebda., 22. 1967, 1163-1205. Dazu noch immer: E. Fromm, *Über Methode und Aufgabe einer analytischen Sozialpsychologie*, in: *Zeitschrift für Sozialforschung* 1. 1932, 28-54; ders., *Die psychoanalytische Charakterologie und ihre Bedeutung für die Sozialpsychologie*, ebda., 253-277, jetzt auch in: ders., *Analytische Sozialpsychologie und Gesellschaftstheorie*, Frankfurt 1970, 9-40, 41-70. Die reiche Lit. zur Sozialpsychologie findet sich in den neuen Handbüchern verzeichnet, z. B. *Handbuch der Psychologie*, VII; *Sozialpsychologie*, I, Hg. C. F. Graumann, Göttingen 1969; P. Hofstätter, *Einführung in die Sozialpsychologie*, Stuttgart 1963[3]. Auch die ältere Geschichtsschreibung ist sich natürlich sozialpsychologischer Erfahrungen, wenn auch meist nicht auf genaue Begriffe gebracht, sehr wohl bewußt gewesen. Vgl. einmal L. v. Rankes *Politisches Gespräch* von 1836 (Hg. Th. Schieder, Göttingen 1955, 57): »Unser Vaterland ist vielmehr mit uns, in uns. Deutschland lebt in uns, wir stellen es dar, mögen wir wollen oder nicht, in jedem Land, dahin wir uns verfügen, unter jeder Zone« – ein Tatbestand, der sich heute sozialpsychologisch mit Hilfe der »Modal Personality« und der Sozialisationsprozesse näher beschreiben ließe. Vgl. auch den Abschnitt über »individual- u. sozialpsychologische Faktoren« in: E. Bernheim, *Lehrbuch der Historischen Methode*, Leipzig 1908[6] (N. Y. 1968), 644-77 (V, 4).

20 Als Anspruch an die Geschichtswissenschaft ist die Forderung, die ein betont konservativer Historiker wie G. Ritter (*Gegenwärtige Lage und Zukunftsaufgaben deutscher Geschichtswissenschaft*, in: *Historische Zeitschrift* 170, 1950, 21 f.) etwas altväterisch formuliert hat, ohne sie freilich selber fortan zu beachten, noch längst nicht überholt: »Historie der neuesten Zeit ohne Beherrschung der ökonomischen Grundbegriffe [...], aber auch der soziologischen Methoden, führt zu bloßer Rhetorik ohne tieferen Erkenntniswert.«

21 Adorno, *Soziologie*, 22. So auch mehrfach Marcuse u. Horn. Vgl. R. Osborn, *Marxism and Psychoanalysis*, London 1965[2], dt. *Marxismus und Psychoanalyse*, Frankfurt 1970; P. A. Baran, *Marxism and Psychoanalysis*, N. Y. 1960, dt. in: ders., *Unterdrückung und Fortschritt*, Frankfurt 1966, 71-98; die drei nützlichen Sammelbände von H. J. Sandkühler (Hg.), S. Bernfeld u. a., *Psychoanalyse und Marxismus*, Frankfurt 1970, 7-45 u. die Lit. 312-315. H.-P. Gente (Hg.), *Marxismus, Psychoanalyse, Sexpol*, 2 Bde., Frankfurt 1970/72; *Periodikum für wissenschaftlichen Sozialismus*, Nr. 14, 1959; *L'Homme et la Societé*, Nr. 11, 1969 (*Marxisme et Psychoanalyse*). W. Reich, *Dialektischer Materialismus und Psychoanalyse*, in: *Unter dem Banner des Marxismus* 3, 1929 (5. Okt.), 736-71 (dagegen I. Sapir, *Freudismus, Soziologie, Psychologie*, ebda., 6. Dez. 937-52; Neudruck von Reich, Sapir u. a. in: Sandkühlers u. Gentes Bänden. Vgl. P. Bergmann, *W. Reich*, in: *IESS* 13, 396 f.; Reichs gesammelte Werke erscheinen in Köln 1969 ff., bisher: *Die Funktion des Orgasmus*, 1969; *Charakteranalyse*, 1970; *Die Massenpsychologie des Faschismus*, 1971. Vgl. noch W. Burian, *Psychoanalyse und Marxismus. Eine intellektuelle Biographie W. Reichs*, Frankfurt 1972.) – Wegen der Parallelen sei einmal an die krude Psychologie der klassischen liberalökonomischen Theorie erinnert (kritisch dazu M. Horkheimer, *Geschichte*

und Psychologie, in: *Zeitschrift für Sozialforschung* I, 1932, 125-44, jetzt in: ders., *Kritische Theorie,* I, Frankfurt 1968, 9-70. Neuerdings vor allem H. Albert, *Marktsoziologie und Entscheidungslogik,* Neuwied 1967, auch A. Lauterbach, *Psychologie des Wirtschaftslebens,* Reinbek 1962, u. die dort angeführte Lit., z. B. über die Theorie der Erwartungen, die die gesellschaftliche Umwelt an den Unternehmer heranträgt bzw. die er erst wecken muß; dazu Albert, 331-67).

22 Adorno, *Soziologie,* 22, 36; ders., *Psyche* 6, 7; Hartmann, *Application,* 33; T. Litt, *Individuum und Gemeinschaft,* Berlin 1926[3]. Vgl. hierzu: J. Habermas u. U. Oevermann (Hg.), *Sozialisationsprozesse,* Köln (demn., NWB); A. B. Hollingshead u. F. C. Redlich, *Social Class and Mental Illness,* N. Y. 1958, dt. Frankfurt 1970; J. Gabel, *Ideologie und Schizophrenie,* Frankfurt 1962; W. Lepenies, *Melancholie und Gesellschaft,* Frankfurt 1969. Allg. wichtig: K. Dörner, *Bürger und Irre. Zur Sozialgeschichte und Wissenschaftssoziologie der Psychiatrie,* Frankfurt 1969; daneben M. Foucault, *Psychologie und Geisteskrankheit* (1954), Frankfurt 1968; ders., *Wahnsinn und Gesellschaft* (1961), Frankfurt 1969, u. dazu die vorzügliche Rez. von D. Blasius, *Die Pathologie der Gesellschaft als historisches Problem,* in: *Neue Politische Literatur* 15, 1970, 485-504.

23 G. Lukács, *Geschichte und Klassenbewußtsein,* Berlin 1923, 175 (Neuwied 1970[3], 279); Habermas, *Logik,* 91; Adorno, *Psyche* 6, I. Vgl. B. Moore, *Social Origins of Dictatorship and Democracy,* Boston 1967[2], dt. *Soziale Ursprünge von Diktatur und Demokratie,* Frankfurt 1969 (dazu kritisch D. Lowenthal, in: *HT* 7. 1968, 257-78). E. E. Hagen, *On the Theory of Social Change,* Homewood 1962 (das Problematische an Hagens Kombinationsversuch zeigt sehr klar A. Gerschenkron, *Continuity in History,* Cambridge/Mass. 1968, 378-94). S. M. Lipset, *Political Man,* Garden City 1963[2], dt. *Soziologie der Demokratie,* Neuwied 1964. Vgl. D. McClelland, *The Achieving Society,* Princeton 1961, dt. *Die Leistungsgesellschaft,* Stuttgart 1966, wie Lipset gekürzt. Vgl. hier auch J. H. van den Berg, *Metabletica. Über die Wandlung des Menschen,* Göttingen 1960, (dazu Besançon, *Annales* 19, 237- 49). – Es scheint mir kaum bestreitbar zu sein, daß der Historiker des 19. und 20. Jahrhunderts sich weit eher bei Marx als bei Ranke Rat und Anregung holen kann und deshalb auch soll, aber es lohnt sich, hierzu einmal Ranke, dem man eine geradezu biographiefeindliche Haltung hat nachsagen können, zu zitieren: »Indem eine lebendige Persönlichkeit dargestellt werden soll«, heißt es in seiner *Geschichte Wallensteins* (*Sämtliche Werke,* 23, Leipzig 1872[2], Vorrede, V), »darf man die Bedingungen nicht vergessen, unter denen sie auftritt und wirksam ist. Indem man den großen Gang der welthistorischen Begebenheit schildert, wird man immer auch der Persönlichkeiten eingedenk sein müssen, von denen sie ihren Impuls empfangen. Die Entschlüsse der Menschen gehen von den Möglichkeiten aus, welche die allgemeinen Zustände darbieten; bedeutende Erfolge werden nur unter Mitwirkung der homogenen Weltelemente erzielt; ein Jeder erscheint nur als eine Geburt seiner Zeit, als der Ausdruck einer auch außer ihm vorhandenen allgemeinen Tendenz. Aber von der anderen Seite gehören die Persönlichkeiten doch auch wieder einer moralischen Weltordnung an [. . . .] sie haben ein selbständiges Leben von originaler Kraft. Indem sie, wie man zu sagen liebt,

ihre Zeit repräsentieren, greifen sie doch wieder durch eingeborenen inneren Antrieb bestimmend in dieselbe ein.« Vgl. damit auch noch (*Die römischen Päpste in den letzten vier Jahrhunderten*, *Werke* 28, 1874, 345); »Auf den ersten Blick bietet sich der Gang der Weltgeschichte, der Fortschritt einer angefangenen Entwicklung, der Anblick des Unabänderlichen dar. Tritt man aber näher, so zeigt sich nicht selten, daß das Grundverhältnis, auf welchem alles beruht, so leicht und zart ist, fast persönlich, Zuneigung oder Abneigung, nicht so schwer zu erschüttern.«

24 Kritisch dazu: Adorno, *Psyche* 6, Marcuse und Horn. Hierzu auch das Urteil von Berger u. Luckmann (174), die Gesellschaftsgeschichte bzw. Makrosoziologie als Voraussetzung der Psychologie und Psychoanalyse betonen. Siehe auch wegen mancher Berührungspunkte (innen- und außengeleitete Persönlichkeit) D. Riesmann, *The Lonely Crowd*, New Haven 1950, dt. *Die einsame Masse*, Hamburg 1956 u. ö.

25 M. Horkheimer, *Traditionelle und kritische Theorie*, in: *Zeitschrift für Sozialforschung* 6, 1937, 245-92, jetzt in: ders., *Kritische Theorie*, II, 137-91. Zuletzt am besten hierzu: Habermas, *Theorie und Praxis*, Neuwied 1967²; ders., *Logik*; ders., *Erkenntnis und Interesse*; ders., *Technik und Wissenschaft als »Ideologie«*, Frankfurt 1968; Wellmer, *Kritische Gesellschaftstheorie*.

Bibliographische Notiz

I. *Geschichte und Soziologie*: unter dem Titel *Soziologie und Geschichte aus der Sicht des Sozialhistorikers*, in: *Soziologie und Sozialgeschichte*, Hg. P.-C. Ludz, Köln 1973 (Sonderheft der *Kölner Zeitschrift für Soziologie*).

II. Einleitung zu: *Geschichte und Ökonomie*, Hg. H.-U. Wehler, Köln 1973.

III. Einleitung zu: *Geschichte und Psychoanalyse*, Hg. H.-U. Wehler, Köln 1971.

Bibliothek Suhrkamp

edition suhrkamp

Alphabetisches Verzeichnis der edition suhrkamp